新義錄

第一輯 第21冊

新義錄

正編 第13種

（新編）新義錄目錄

(原)新義錄卷九十一目錄

(原)新義錄卷九十二目錄

(原) 新義錄卷九十三目錄

(原)新義錄卷九十四目錄

新義錄

光緒壬午晉栞

漱石山房藏板

玉堂同年學綜九能文高三易開卷有益譬埽葉而知
非用志不紛悟粲花而得閒頃以撰集新義錄一百卷
屬爲敘述奉手受讀竦然異之夫其探源帝繫擷秀虞
初採赤文綠字之書都成奇釆搜金匱玉函之帙務去
陳言舉凡地志星經兵鈐律算七緯百家之奧說郛稗
海之粲莫不薈萃駢羅鎔裁鍊冶既略窺夫大旨爰取
證於一斑夫典故之帙中古所無事類之編綴文攸恃
刻鵠偏多習見販蛙未是名家君則徧覽旁搜條分件
繫太沖作賦資輯訪者十年義山哦詩供撏撦者萬本

其該博之不可及者一也至若町畦未化門戶區分漢宋各據於一偏道釋漸沿爲二派君則兼收並蓄竟委通原不沾沾於立言不規規於宗旨王充作論儲祕於伯喈枕中服虔註經得助於康成車下其貫通之不可及者二也況夫考據近貪蕺鈔多雜問天說鬼荒唐半出於文人綺語風懷附會更乖於名教君則實事求是選言最精刮垢磨光顯無瑕之白璧披文相質聯徑寸之明珠其謹嚴之不可及者三也 夔資慙半豹氣奪全牛覩積玉而識夜光聚碎金而欽至寶竊以如愚考索

全編曾播於梓鄉深甯紀聞鴻詞備稽於柱史實足以
恢廓門徑闡發心思以古方今於斯爲盛蠶抽絲而成
采發晦何須蠡酌海以知歸欽遲未巳洽聞殫見相期
在著作之林領異標新薄采即科名之草謹序

光緒辛巳冬日年愚弟程夔拜撰

壁文少好涉獵每得新義如獲異珍日積月儲寖就篇帙近歲爲邑中仙源書院購書四萬卷朝夕校讎所得愈夥然亦祇作談助而知交見此輒慫梓行顧門類既繁不免貪多之病擬重加考證摘取精華而年居始衰自須留心有用之書未容馳騖於雜學略爲刪訂卽付梓民昔顧亭林先生日知錄自序謂古人先我有者則遂削之壁文學問譾陋惟恐其說不出自古人所錄舊說爲多所自得者不及三之一博雅君子庶相諒耳

光緒八年歲次壬午孟秋月孫壁文跋

新義錄卷九十目錄

鬼神類一

學宮不宜祀文昌

學宮可祀文昌

學宮不宜祀魁星

朱衣神

新義錄卷九十

安徽太平縣孫璧文玉塘甫一字玉堂

鬼神類一

文廟祀典原始

謹按周敬王四十二年魯哀公誄孔子曰尼父又就故宅立廟此立廟之始漢高帝十二年過魯以太牢祀孔子封九世孫騰爲奉祀君此隆祀禮封聖裔之始元帝封孔霸爲褒成君賜爵關內侯此襲爵之始平帝元始元年追謚孔子褒成宣尼公封孔均爲褒成侯此追謚

之始光武建武五年過曲阜祀孔子明帝永平二年令郡縣學校祀孔子此國學郡縣祀孔子之始十五年過魯祀孔子及七十二弟子此弟子從祀之始章帝元和二年祀孔子於闕里作六代之樂此崇祀用樂之始和帝永元四年封孔子爲褒尊侯桓帝元嘉三年置百石卒史一人掌領禮器此聖廟設官之始享禮則出王家錢此領祭之始靈帝光和元年立鴻都門學畫孔子及七十二弟子像此畫像之始魏正始七年設奠以太牢祀孔子於辟雍以顏回配此國學釋奠顏子配享之始

晉武帝太始七年命太子親釋奠成帝咸康元年親釋奠此天子親祭之始晉世諸帝皆釋奠南宋文帝元嘉二十二年釋奠設軒懸之樂六佾之舞此用舞之始北魏太和十六年詔定宣尼廟敕有司享薦之禮此有享薦之始興和三年兗州刺史李仲璇建聖像塐十子侍側此建聖像塐十子之始梁武帝天監四年立州郡學建孔子廟此州郡立廟之始北齊文宣帝天保元年春秋二仲月朔謁廟行禮此朔日行禮之始北周靜帝大象二年追封孔子爲鄒國公此孔子封公之始隋文

帝開皇八年贈爲先師尼父詔國子寺以四仲上丁州郡以春秋二仲釋奠此定二仲釋奠之始唐高祖武德二年詔立周公孔子廟於國學各一所四時致祭此周公孔子分廟之始太宗貞觀二年詔罷祀周公尊孔子爲先聖顏子爲先師此孔子稱先聖之始四年州縣皆立孔子廟尊爲宣父詔州縣學皆立孔子廟此州縣立文廟之始二十一年以左邱明卜子夏公羊高穀梁赤秦伏勝漢高堂生戴勝毛萇孔安國劉向鄭衆賈逵杜子春馬融盧植鄭康成服虔何休魏王肅王弼晉杜預

范甯等二十二人從祀此先儒從祀之始高宗顯慶三年復尊爲宣聖乾封元年過曲阜祀孔子贈太師總章元年贈顏淵太子少師曾參太子少保並配享此追贈顏曾曾子配享之始元宗開元八年升十哲於堂上及曾子爲坐像暨諸弟子皆列享於左邱明等二十二人之上此十哲配享之始二十七年加謚孔子爲文宣王封孔嫌之爲文宣公十哲爲公侯曾子及七十二賢爲伯此孔子稱王聖裔襲公諸賢賜公侯伯之始釋奠用宮懸肅宗上元二年歲旱罷諸祀惟祀文宣王代宗大

歷元年詣國子監釋奠後周太祖廣順二年謁廟再拜
至墓復拜此天子親拜之始宋太祖建隆元年視學詔
增葺祠宇塑繪先聖先賢像自爲贊立十六戟於廟門
此製贊列戟之始太宗淳化四年詔先聖廟朔望焚香
此行香之始眞宗大中祥符元年封聖父爲齊國公聖
母顏氏魯國太夫人聖配亓官氏鄆國夫人加謚孔子
元聖文宣王祭以太牢此聖父封爵孔子稱王加聖之
始追封從祀者顏回爲兗國公閔損曾參及左邱明漢
儒以下爲郡公侯伯五年改封孔子至聖文宣王此稱

至聖之始仁宗天聖元年給兗州學田此立學田之始至和二年改封孔子四十六世孫宗愿爲衍聖公此稱衍聖公之始嘉祐元年詔釋奠用登歌神宗元豐七年詔以孟子與顏子並配此孟子配享之始追封韓愈昌黎伯並荀況揚雄從祀廟庭哲宗元祐元年改封孔子後衍聖公爲奉聖公徽宗崇寧元年追封孔鯉爲泗水侯伋爲沂水侯四年詔稱文宣王殿日大成此稱大成殿之始復封奉聖公端友爲衍聖公五年頒祀先聖祀文此頒祀文之始大觀二年贈子思從祀此子思配享

之始增立二十四戟政和元年詔郡縣犯先聖諱者悉改正此廟中避諱之始五年封樂正子爲利國侯又封公孫丑以下十七人爲伯均從祀孟子廟此孟子弟子從祀之始理宗淳祐元年詔加周程張朱五賢伯爵從祀孔廟此周程張朱從祀之始端平三年升子思入十哲之列此子思升十哲之始景定二年加張栻呂祖謙伯爵從祀度宗咸淳三年以顏曾思孟配享升子張於十哲此稱四配子張升十哲之始列邵雍司馬光從祀

金章宗明昌二年詔孔廟前置下馬碑祭時稱御名進

士名有犯聖諱者避之此豈下馬碑稱御名及禁名犯聖諱之始元世祖至元十九年以宋衍聖公孔洙爲國子祭酒大德十一年七月武宗製加孔子號曰大成至聖文宣王遣使闕里祀以太牢仁宗皇慶二年以許衡從祀延祐六年進蘧瑗從祀文宗至順元年加孔子父齊國公爲啟聖王母顏氏爲啟聖夫人顏子兗國復聖曾子郕國宗聖子思沂國述聖孟子鄒國亞聖及程朱公爵此聖父稱王四配稱聖程朱稱公之始又以漢董仲舒從祀明太祖洪武四年更定祭器禮物置高案此

改席地置案之始十五年詔天下通祀孔子京師易塑像爲木主此京師孔廟易像爲主之始帝親釋菜十七年定與祭官祭服儀式勅每月朔望郡縣皆行香二十六年頒大成樂於天下儒學此府州縣用樂舞之始成祖永樂四年視太學服皮弁行四拜禮英宗正統元年頒定釋奠禮此頒禮之始二年以宋胡安國蔡沈眞德秀從祀景帝景泰二年以顔孟後裔世襲五經博士此賢裔襲廕之始憲宗成化十三年祭增十二籩豆加八佾樂與祀天地等孝宗宏治元年視學謁先師九年以

宋楊時從祀十三年各文廟改用綠色琉璃瓦此用琉璃瓦之始嘉靖元年更定祀典改奉孔子爲至聖先師詔天下文廟易像爲主籩豆用八樂用六佾謹按康熙二十二年十月王士正疏言明嘉靖九年張璁議孔子生未得爲天子不當舞八佾不知以位言之非但不得舞八佾並不得舞六佾乃前代尊崇之典有加無已者以道德不以位也且禮祭從生者以天子而祀其師自當用天子禮樂定四配以下先賢先儒位號此天下文廟易像爲主去封爵稱聖師賢儒之始去重祀申黨一人罷公伯寮秦冉顏何荀況戴聖劉向賈逵馬融何休王肅王弼杜預吳澄十三人增祀后蒼王通歐陽修胡瑗陸九淵五

人改祀於其鄉者林放蘧瑗鄭衆盧植鄭康成范甯服虔七人立啟聖祠改曾點顏無繇孔鯉孟孫激俱稱先賢程珦朱松蔡元定俱稱先儒從祀啟聖此立啟聖祠暨四賢三儒配祀之始穆宗隆慶五年進薛瑄從祀神宗萬歷十二年以陳獻章王守仁胡居仁從祀二十三年以宋周輔成附啟聖從祀四十二年以宋羅從彥李侗從祀崇禎元年幸學釋奠詔祭日先祀啟聖祠至十四年加周程邵張朱六子曰先賢 國朝順治元年定月朔及進士釋褐釋菜禮朔望行香儀八年遣官闕里

致祭九年　上臨雍親祭行兩跪六叩禮宴衍聖公賞賚有差十四年改諡稱爲至聖先師孔子通行各省學宮康熙八年四月　上視太學行釋奠禮二十三年幸闕里釋奠行三跪九叩頭禮　御書萬世師表額頒於闕里及天下學宮此頒額之始二十九年定官員人等至學宮下馬例通行各省四十九年　詔直省大小武職一體入廟行禮此武職行禮之始五十一年以朱子升祀十哲位顓孫子之次此朱子升哲之始五十四年增宋范仲淹從祀雍正元年　冊封至聖五代王更

啟聖祠曰崇聖祠祀廟先行致祭此五代封王合祀崇
聖祠更名之始二年　諭以後幸學改爲詣學此稱詣
學之始復祀先賢蘧瑗林放秦冉顏何增祀先賢縣亶
牧皮樂正克公都子萬章公孫丑升祀先儒左邱明周
敦頤程顥程頤張載邵雍爲先賢復祀先儒鄭康成范
甯增祀先儒漢諸葛亮宋尹焞黃榦陳淳魏了翁何基
王柏元趙復金履祥許謙陳澔明羅欽順蔡清　國朝
陸隴其又增祀宋張迪於崇聖祠三年　詔避聖諱除
四書五經外俱作邱字此臨文避聖諱之始郡縣丁祭

用太牢此郡縣用太牢之始四年　上親詣學釋奠跪獻帛爵此跪獻之始　御書生民未有額照前頒發五年　詔遇八月二十七日至聖誕辰致齋一日不理刑名禁止屠宰此聖誕齋戒之始乾隆三年　御書與天地參額亦照前頒發升先賢有子列東哲之次復元吳澄從祀此有子升哲之始八年照康熙間准用平字製頒樂章於學宮此頒樂章之始九年聖裔昭煥襲封衍聖公嘉慶五年四月　御書聖集大成額頒發闕里及天下學宮道光元年頒　御書聖協時中額於各學二

年　詔以明劉宗周從祀三年　詔以　國朝湯斌從
祀五年　詔以明黃道周從祀六年　詔以唐陸贄從
祀八年　詔以　國朝孫奇逢從祀二十三年　詔以
宋文天祥從祀二十九年　詔以謝良佐從祀咸豐元
年頒　御書德齊幬載額於各學　詔以宋李綱從祀
二年　詔以宋韓琦從祀三年　詔以周公明儀從祀
七年　詔以公孫僑從祀孟皮配享崇聖祠九年　詔
以宋陸秀夫從祀十年　詔以明曹端從祀同治元年
頒　御書聖神天縱額於各學二年　詔以漢毛亨明

方孝孺呂柟從祀七年　詔以宋袁燮從祀十年　詔以　國朝張履祥從祀光緒元年頒　御書斯文在茲額於各學　詔以　國朝陸世儀從祀二年　詔以漢許慎從祀三年　詔以漢河間獻王劉德從祀四年詔以原任禮部尚書張伯行從祀

丁祭用二仲上丁始於唐

隨園隨筆曰郊特牲祭天於郊故祭天曰郊祭祭孔子用丁日故曰丁祭鄭註用丁者文明之象皆本月令仲春上丁命樂正習舞釋菜是也然考隋書文帝詔國子

寺每歲以四仲月上丁釋奠先聖先師是其時一年有四祭不止春秋二季也唐高宗武德二年詔祭孔子用太牢六佾恐與大祭祀遇改用中丁是又不定用上丁也開元二十八年始改去四仲與中丁而專主春秋二仲與上丁矣按祭禮內事用柔日祀孔子人道也內事也故用丁者亦柔丁之義耳

武廟祀典原始

趙甌北曰鬼神之享血食其盛衰久暫亦若有運數而不可意料者顧寧人謂六朝時多祀城陽景王劉章比秣陵尉蔣子文及項羽子胥之祀最盛

人之歿而爲神大槪初歿之數百年則靈著顯赫久則漸替獨關壯繆在三國六朝唐宋皆未有祀考之史志宋徽宗始封爲忠惠公大觀二年加封武安王高宗建炎二年加壯繆武安王孝宗淳熙十四年加英濟王祭於荊門當陽縣之廟獨醒志李若水初爲大名府元城縣尉有村民持一書來云夢金甲神人告我到關大王廟側遇鐵冠道士以其書下李縣尉表至志明稽都統自立生祠於關王廟側是宋時已多關廟元文宗天歷元年加封顯靈威勇武安英濟王元史世祖尊崇佛教用壯繆爲監壇明洪武中復侯原封萬歷二十二年因道士張通元之請進爵爲帝廟曰英烈四十二年又勅

封三界伏魔大帝神威遠鎮天尊關聖帝君又封夫人爲九靈懿德武肅英皇后子平爲竭忠王興爲顯忠王周倉爲威靈惠勇公賜以左丞相一員爲宋陸秀夫右丞相一員爲張世傑其道壇之三界馘魔元帥則以宋岳飛代其佛寺伽藍則以唐尉遲恭代劉若愚蕪史云太監林朝所請也繼又崇爲武廟與孔廟並祀　本朝順治九年加封忠義神武關聖大帝今且南極嶺表北極塞垣凡兒童婦女無有不震其威靈者香火之盛將與天地同不朽何其寂寞於前而顯爍於後豈鬼神之

衰旺亦有數耶袁堅志洛江張桓侯廟編與初張魏公宣撫蜀中有死卒更生傳神語欲助順未幾金虜寇兀朮逆犯漢中者敗去魏公承制追封忠顯王則桓侯之王封亦自宋始

漢壽亭侯明初未載祀典

春明夢餘錄稱永樂中始載漢壽亭侯祠於祀典按堅瓠集載南京十廟將成剋期祭告矣高皇夢一人赭面綠衣手持巨刀跪奏曰臣漢壽亭侯關羽也陛下立廟何獨遺臣上曰卿於國無功故不及神曰陛下鄱陽之戰臣舉陰兵十萬爲助何謂無功上頷之神去明日命工部別立一廟於旁據此則洪武時已立廟祀之或至

永樂始載祀典耳

周倉可考

楹聯叢話曰周倉事僅見演義正史無其名考魯肅傳
載肅往益陽與關相拒肅邀關相見各駐兵馬百步上
但諸將軍單刀俱會肅因責數關曰國家區區本以土
地借卿家卿家兵敗遠無以爲資故也今已得益州旣
無奉還之意但求三郡又不從命語未竟坐有一人曰
夫土地者惟德所在耳何常之有肅厲聲呵之辭色甚
切關操刀起曰此自國家事是人何知目使之去按是

人姓名不傳演義似卽據此敷衍為周倉事然紀文達公筆記中稱元魯貞作漢壽亭侯碑已有乘赤兎兮從周倉則其來亦已久矣明神宗封爲武烈侯

金川瑣記曰金川之役降番劫掠大營官兵被圍數重忽有一巨人皤腹睅目一足著鞾一足著鐵屐如草鞋形手持大刀橫掃殺數十人賊衆遂却大營徧尋其人已不見後有回成都游關廟者見周將軍塑像卽前所見巨人也按神靈顯聖事所常有然必據是說爲周將軍佐證則不可耳

山西通志謂周將軍倉平陸人初為張寶將後遇關公

於臥牛山遂從樊城之役生擒龎德後守麥城死之亦見順德府志謂與參軍王甫同死則里居事跡卓然可紀未可以正史偶遺其名而疑之也秋燈叢話謂周將軍倉殉節麥城而墓無可考因訪麥城故址在邑東南四十里久被沮水衝塌成河僅存堤埃有任生者夢將軍示以葬所遂告知縣陳公掘其地深丈許露石墳一座頗堅固乃掩之而封樹其上樹碑以表焉或有疑任生之作僞者夫去地丈餘烏知有墓且一經掘視昭然不爽則英靈所格豈子虛哉志乘本不足據此則顯然本之演義尤不足取也

關索爲神

滇黔紀游載霸陵橋即關索橋水從西北萬山來關索嶺爲黔山峻險第一路山半有關壯繆祠中有馬跑泉相傳壯繆少子索用槍刺出者西有順忠王索祠鐵槍一株重百餘斤以鎭山門相傳索從丞相南征爲先鋒開山通道忠勇有父風今水旱災癘禱之輒應故苗部入廟者無不羅拜一路至滇爲關索嶺者三而滇中亦有數處似爲壯繆子不謬也按蜀志壯繆長子平從死臨沮之難次子興爲侍中數年歿未有名索者但不知

王寶甫作三國演義據何稗史而忽插入索平滇行紀程謂陳壽作三國志深習蜀事安有前將軍爺子且有震世功而失其名者相傳索從武侯南征威勛甚盛沒而民爲立廟以其名名嶺未考何代敕封義勇英武威烈蕩寇顯忠王甚至有丞相不察投軍自効語益屬不經或曰蠻苗謂父爲索猶言關父猶岳忠武之稱岳爺爺也然伏魔大帝與順忠王鑿然兩廟並峙則春秋之受羊豕享王號者得非其次子名興者歟興既爲丞相所器重且監軍則丞相有大征伐或領護軍建偉績以震懾諸蠻理或有之謝肇淛滇略云漢昭烈章武元

年以李恢爲庲降都督隨丞相亮南征時左將軍之子
索亦有戰功開山通道常爲先鋒未審所據何書又諸
葛元聲滇事紀略云建興三年五月武侯渡瀘水進征
益州從征自趙雲魏延外如張翼王平何扶及雲長少
子關興關興即關索尤以驍勇前驅多奇功觀此則從
前臆揣若有符合又考雲南通志路南州北亦有關索
嶺以其險峻必引之以索而後能度或又以爲關鎖嶺
之訛並存之以備討論

文昌本末

陔餘叢考曰今世文昌祠所祀梓潼帝君王弇州宛委餘編謂即昭河神張惡子而引其所著化書謂本黃帝子名揮始造弦張羅網因以張為氏周時為山陰張氏子以醫術事周公卒生於張無忌妻黃氏為遺腹子詩所稱張仲孝友者也以直諫為幽王所酖魂游雪山治蜀有功五丁拔山蛇壓死蛇即其所化也尋為漢帝子曰趙王如意為呂后所殺魂散無歸孝宣世至邛池其令曰呂牟即呂后之後身也母戚夫人亦生於戚嫁張翁老無子相與瀝血石臼中祝曰我無子倘得一動物

亦道體也自是感生爲蛇呂令有馬乃呂産後身蛇輒食之呂令怒繫張夫婦將殺之蛇遂揚海水作雨淹城邑皆陷今所謂陷河也以所殺多謫爲邛池龍受熱沙小蟲之苦遇文殊皈誠脫罪復生於趙國張禹家名勳爲清河令卒又生爲張孝仲時順帝之永和間也西晉末又生爲涼王呂光後復生於越嶲張氏年七十三入石穴悟道而化改形入咸陽見姚萇後萇入蜀至梓潼嶺神謂之曰君還秦秦無主其在君乎請其氏曰張惡子也後萇卽其地立張相公廟唐僖宗幸蜀神又出迎

帝解佩賜之還日賜遺無算王中令鍔有詩云夜雨龍拋三尺匣春雲鳳入九重城云云梭陷河事亦見王氏見聞及窮神秘苑太平廣記諸書所載略同北夢瑣言亦謂梓潼張惡子乃五丁拔蛇之所化或又云雋州張生所養蛇託生為偽蜀王建太子元膺有蛇眼竟以作逆誅誅之夕梓潼廟祝亟為亞子所責言我在川今始歸何以致廟宇荒穢若此據此則所謂張惡子者乃流轉於人與蛇間一變幻不經之物耳不知與文昌二字何與又續通考云劍州梓潼神張惡子仕晉戰歿人為

立廟唐元宗西狩追封左丞僖宗入蜀封順濟王咸平中王均為亂官軍進討忽有人登梯指賊大呼曰梓潼神遣我來九月二十日城陷爾等悉當夷滅及期果克城招安使雷有終以聞改封英顯王號此見於祀典者然亦與文昌二字無涉也明史禮志宏治中倪書周洪謨等議祀典云梓潼帝君者記云神姓張名亞子居蜀七曲山仕晉戰歿人為立廟唐宋屢封至英顯王道家謂帝命梓潼掌文昌府事及人間祿籍故元加號為帝君而天下學校亦有祠祀者景泰中因京師舊廟闢而

新之歲以二月三日生辰遣祭夫梓潼顯靈於蜀廟食其地爲宜文昌六星與之無涉宜勅罷又續通考嘉靖中倪文毅請正祀典疏亦本周洪謨之說謂梓潼神景泰五年始勅賜文昌宮今宜祀於蜀不宜立廟京師至文昌之星與梓潼無干乃合而爲一誕妄附會所有前項祀典伏乞罷免則亦謂梓潼之與文昌了不相涉也然世以梓潼爲文昌則由來已久按葉石林崖下放言記蜀有二舉人行至劍門張惡子廟夜宿各夢諸神預作來歲狀元賦甚靈異高文虎蓼花洲閒錄亦載此事

鐵圍山叢談云長安西去蜀道有梓潼神祠者素號異甚士大夫過之得風雨送之必至宰相進士過之得風雨則必殿魁自古傳無一失者有王提刑者過焉適大風雨王心因自負然獨不驗時介甫丞相年八九矣侍其父行後乃知風雨送介甫也魯公即蔡京帥成都一日召還過大風雨平地水幾二十寸遂位極人臣何文縝丞相㮚政和初與計偕亦得風雨送仍見夢曰汝實殿魁聖策所問道也文縝抵闕下適得太上註道德經因日夜窮治乃試策目果問道而文縝爲殿魁然則張惡

子之題靈於科目蓋自宋始亦自宋之蜀地始朱子語
類所謂梓潼與灌口二郎兩個神幾乎割據了兩川也
夢粱錄梓潼帝君在吳山承天觀此蜀中神專掌註祿
籍凡四方士子求名赴選者悉禱之封王爵曰忠文英
武孝德仁聖王是南宋成都已立此祠也新定續志載
葉夢鼎梓潼眞君祠記云世言帝命司桂籍主人間科
級是南宋之季亦
府州亦立此祠矣世人因於科目事有靈異元時遂以
文昌帝君封之前明又以文昌額其宮而張惡子之爲
文昌帝君遂至今矣明都卭三餘贅筆則謂梓潼乃四
川地四川上直參宿參有忠良孝謹之象其山水深厚
爲神明所宅或又謂斗魁爲文昌六府主賞功進爵故

科名之士多事之此二說理雖較長然皆從文昌二字立說而於張惡子之所以稱文昌則毫無干涉也

學宮不宜祀文昌

隨園隨筆曰學宮之祀文昌非禮也明宏治時有折毀之令未及施行按孝經援神契云文者精所聚昌者揚天紀此不通浮稱之詞並非實指星象史記云斗魁載筐六星文昌宮是則兼上將次將貴相司命司中司祠諸星而合成一宮其義取諸宮室非主文學也故漢之尚書省比之文昌天府魏之正殿曰文昌殿唐人或以

命名如段成式張籍俱號文昌漢黃香亦字文昌唐周
昌唐之縣名屬崖州一云天之星名北斗魁星之前天
之六府也其三曰貴相蓋周興爲武后親倖之臣故號
爲文昌右丞宋人以之名書龐元英在尚書省記所見
聞號文昌雜錄道家不知二字之解妄以文爲文章昌
爲昌盛又不知司命不過六星之一而謂文昌獨司文
人之命又附會其人以爲卽詩之張仲孝友再轉爲梓
潼神張惡子說皆荒謬不經謹按　國朝康熙雍正時
曾奉部文以爲淫祀禁止
蓋由漳浦蔡文恭公之封翁部控所致
也文昌之入祀典則自嘉慶六年始

一學宮可祀文昌

讀書叢錄曰春官大宗伯之職以槱燎祀司中司命鄭註鄭司農云司中三台三階也司命文昌宮星元謂司中司命文昌第五第四星余按禮記祭法王為羣姓立七祀一曰司命鄭註此非大神所祈報大事者也小神居人之間司察小過作譴告者爾司命主督察三命今時民家或春秋祠司命風俗通祀典篇司命文昌也今民間祀司命刻木長尺二寸為人像皆祠以腊率以春秋之月此卽今世所祀文昌像文昌星名後刻木祀之本在七祀之列故祀典至今不廢據此則文昌司命東

漢已祀之但不必附會爲張惡子耳按路史紀注造字
孝經緯云奎主文昌垂文畫字本史皇在伏羲前
則以倉頡爲文昌庶乎得之

學宮不宜祀魁星

隨園隨筆曰道家又以文昌宮在北斗魁上別爲南斗遂以魁與文昌並祀不知北斗一星一至四爲魁五至七爲杓有魁有杓是魁非一星之名說文羨斗也原涉傳師古曰魁者斗之所用盛而杓之本也甘氏星經所謂入魁七星者在北落東南乃主獸之官與文學無與也日知錄辨魁乃奎之訛則史記天文志奎曰封豕爲

溝瀆一曰天冢主武庫尤於文學無與所以訛者林靈素以東坡爲奎宿蘇長公外紀西湖壽星寺僧則廉言先生作郡倅日每至寺即解衣盤礴久而始去則廉時爲僧雛侍側每暑月袒露竹陰間細視公背有黑子若星斗狀世人不得見即北山君謂顏魯公曰蕊金骨記名仙籍是也路史云蒼頡觀奎星圓曲之形而造字大概奎星主文之說自宋始耳俞蔭甫曰奎主文昌蒼頡效象緯書之言不足深據斗魁戴筐六星曰文昌宮祀文昌而因祀斗魁亦自有理特省字之形爲鬼舉足而起其斗則可笑耳

養新錄曰魁士名人之語見於呂氏春秋史記云狀貌魁梧奇偉揚雄甘泉賦冠倫魁能魁能即魁台也俞蔭甫曰東京賦卿不覿炎帝帝魁之美薛綜註帝魁神農名則以魁命名亦古宋人稱狀元爲廷

魁上舍第一人爲上舍魁由來已久蓋北斗以魁爲首故有九魁之稱而凡物之首人之帥皆以魁名之

朱衣神

歐陽永叔詩文章自古無憑據惟願朱衣暗點頭自言恍惚見有神點頭未嘗指神何名也今人於文昌帝君像旁傺朱衣二神名曰天聾地啞本宋王逵蠡海集蓋謂帝君不欲聰明之盡用故假聾啞以寓意耳

新義錄卷九十終

新義錄卷九十一目錄

鬼神類二

新義錄卷九十一

安徽太平縣孫璧文玉塘甫 一字玉堂

鬼神類二

東嶽大帝本末

顧亭林謂祀嶽始見於虞書左氏國語未有封禪之文是知三代以上無仙論也史記漢書未有考鬼之說是知元成以上無鬼論也且祀典凡山川之神有爵位無名號道家從而附會之言昔盤古氏五音之苗裔曰少海氏生二女長曰金蟬氏即東華帝君也次曰金虹氏

即東嶽帝君也伏羲時封金虹氏為太歲遂姓歲諱崇漢永平中封泰山元帥掌生死之事唐開元中封王宋祥符中封帝其說荒謬不待辨余按唐元宗華山碑略華山者少昊之下都蓐收之別館也此本月令其帝少昊其神蓐收之語然則泰山之神即謂之句芒少昊長家語云少昊長子曰重使為句芒固無不可乎顧亭林又引遁甲開山圖云泰山在左亢父在右亢父知生梁父知死引博物志云泰山一曰天孫言為天帝之孫主召人魂魄知生命之長短也世人多以碧霞元君為泰山之女又曲引黃帝遣

玉女之事以附會之通辨云碧霞元君岱嶽神也起於
華山小石池冬夏不涸號玉女洗
頭盆因附會爲王母第
七女訛而爲泰山神按博物志云文王以太公望爲
灌壇令朞年風不鳴條文王夢見有一婦人甚麗當道
而哭曰我東海泰山神女嫁爲西海婦欲東歸灌壇令
當吾道俗立石書姜太公在此五字蓋本此太公有德吾不敢以暴風疾
雨過也文王夢覺明日召太公三日三夕果有疾風驟
雨自西來也此一事也干寶搜神記後漢胡母班嘗至
泰山側爲泰山府君所召令致書於女壻河伯云至河
中流扣舟呼青衣當自有取書者果得達復爲河伯致

書府君此一事也列異傳記蔡支事又以天帝爲泰山神之外孫自漢以來不明乎天神地祇人鬼之别一以人道事之於是封嶽神爲王則立寢殿爲王夫人有夫人則有女而女有壻又有外甥矣又攷泰山不惟有女亦又有兒魏書段承根傳云父暉師事歐陽湯有一童子與暉同志後二年童子辭歸從暉請馬暉戲作木馬與之童子謝曰吾泰山府君子奉勑游學今將歸損子厚贈無以報德言訖乘馬騰空而去集異記言貞元初李納病篤遣押衙王祐禱岱嶽遥見山上有四五人衣

碧汗衫半臂路人止祠下車言此三郎子七郎子也文獻通考後唐長興三年詔以泰山三郎爲威權將軍宋眞宗加封炳靈公（小知錄云肩吾泰山神炳靈公東嶽第三子）夫封其子爲將軍爲公則封其女爲君正一時事爾又蠡海集云東嶽生於三月二十八日天三生木地八成之言兩儀之氣於其中也二十八者四七也四七乃少陽位也此說正爲得之固不必求其人以實之也

泰山號天齊之誤

陔餘叢考曰舊唐書明皇封禪泰山加號天齊宋史大

中祥符元年加號仁聖天齊王五年又加天齊仁聖帝元至元十八年加天齊大生仁聖帝天齊之名蓋本史記封禪書齊所以爲齊當天齊也故假借用之以爲峻極于天之意然封禪書八神祠一曰天主祠天齊居臨淄南郊二曰地主祠泰山粱父則泰山與天齊各爲一祠本不相涉況天齊云者謂當天之中如天之臍也今乃不顧本義但取其字之可通而剽剝附會之蓋出於張說之舞文也

各府州縣不宜建東嶽廟

今各府州縣皆有東嶽廟按續通考載嘉靖初科臣陳棐上疏略曰臣觀祀典載泰山東嶽在山東泰安州今爲府祠祀在本山之麓今東嶽行宮遍天下殊爲惑妄乞於凡東嶽行祠除京師及齊魯之境外其餘量改書院社學仍不許加修創建以昭皇上釐正典禮之盛云云

泰山治鬼

陔餘叢考曰東嶽主發生乃世間相傳多治死者宜胡應麟之疑也然亦有所本老學菴筆記謂楊文公遊岱之魂一句出河東記韋齊休事然駱賓王代父老請封

禪文云就木殘魂遊岱宗而載躍又在河東前矣是放
翁以駱文爲最先也其實後漢時已有此語後書烏桓
傳其俗謂人死則神遊赤山如中國人死者魂歸岱山
也又許曼傳曼少嘗疾病乃謁泰山請命干寶搜神記
胡母班死往見泰山府君爲之致書於河伯此事亦見三國志註
三國志管輅傳輅謂其弟曰但恐至泰山治鬼不得治
生人劉楨贈五官中郎將詩云常恐遊岱宗不復見故
人應璩百一詩云年命在桑榆東嶽與我期裴松之註
三國引列異傳蔣濟子既死夢於其母曰兒今爲泰山

伍伯甚苦有謳士孫阿將死爲泰山令乞豫屬之母以告濟濟往託焉未幾阿果死月餘濟夢兒來言阿爲令使兒得轉錄事矣博物志泰山天帝孫也主召人魂東方萬物始故知人生命古樂府齊度遊四方各繫泰山錄人間樂未央忽然歸東嶽是泰山治鬼之說漢魏間已盛行此又駱文所本而放翁亦引之何也顧甯人云哀平之際讖緯書出有遁甲開山圖云泰山在左元父在右元父知生梁父知死云云謂泰山治鬼之說蓋起於西漢末又王僧孺致何炯書亦有還魂斗極追氣泰山之語南史沈攸之傳沈僧昭少事天師能記人吉凶自云爲泰

山錄事幽司中有所收錄必僧昭署名北史段暉傳有童子與暉同學二年將去謂暉曰吾泰山府君子奉勅遊學今將歸言終騰虛而去此又皆唐以前泰山故事也宋稗記崔公誼補莫州任邱簿會地震公誼任滿已挈家南行夜宿忽有人叩戶云崔主簿係合地動壓殺人已收魂到岱到家宜速崔自度必死乃送其孥歸壽陽明日遂卒夷堅志孫默石倪徐楷相繼爲泰山府君又呂辨老得一印文曰泰山府君之印王太守借觀之未幾王死王素有善政人以爲必主岱嶽也張廿三既

死子幼贅壻陳昉主其家事而斃其子已而張同一黃衣者向陳索命顧黃衣者使執之黃衣曰須先於泰山府君處下狀滕迪功妻趙氏殺其妾陳馨奴未幾趙死而失其首方捕治而陳現形提其頭出示人曰我已訴嶽帝得報此讐恐于連無辜故來明此事然則泰山治鬼世果有其事也

五嶽神姓名之僞

龍魚圖曰泰山神姓圓名常龍衡山神姓丹名靈峙華山神姓浩名鬱狩恆山神姓澄名渭渟嵩山神姓軍壽

名逸羣呼之令人不病一說東嶽神姓玄邱名目陸南嶽神姓爛名洋充西嶽神姓浩嶽名元蒼北嶽神姓伏名通萌中嶽神姓角名普生皆係傅會之說按明洪武三年詔曰嶽鎮海瀆自開闢至今英靈之氣萃而爲神必皆受命於上帝豈國家封號之所可加今宜依古定制止以山水本名稱其神云云夫封號尚不可加況可傅會姓名乎

四海神及夫人姓名之僞

黃庭遁甲緣心經曰東海神阿明南海神巨乘西海神

視艮北海神禺彊又河圖云東海馮修青夫人朱隱娥南海視赤夫人翳逸寥西海句大邱白夫人靈素簡北海禹帳黑夫人結連翹皆荒謬不足信

天妃有三

蠡勺編曰天妃之神不一毛西河得勝壩天妃宮碑記言神名大妃舊傳秦時李丞相斯於登封之頃出玉女於岱山之巔所稱神州老姆是也特以地祇主陰故妃之此一天妃也張立庵使琉球記所稱天妃姓蔡氏五代時閩人爲父投海身亡後封天妃此又一天妃也今

世所傳湄州天妃則莆田林氏女契元典而爲水神西河謂此乃後人所附會然自宋元祐以後久載祀典國朝亦累加封秩康熙中王阮亭撰諭祭文蓋亦指湄洲言之也

天妃本末

陔餘叢考曰江漢間操舟者率奉天妃而海上尤甚張燮東西洋考云天妃莆之湄洲嶼人五代時閩都巡檢林願之第六女生於晉天福八年宋雍熙四年二月二十九日化去後嘗衣朱衣往來海上里人虔祀之宣和

癸卯給事中路允迪使高麗中流遇風他舟皆溺神獨
集路舟得免還奏特賜廟號曰順濟紹興乙卯海寇至
神駕風一掃而遁封昭應崇福乾道己丑加封善利淳
熙間加封靈惠慶元開禧景定間累封助順顯衞英烈
協正集慶等號又夷堅志興化軍海口林夫人廟靈異
甚著今進爲妃云則在宋時已封爲妃也元史祭祀志
南海女神靈惠夫人至元中以護海運有奇應加封天
妃神號積至十字廟曰靈慈祝文云年月日皇帝遣某
官致祭於護國庇民廣濟福惠明著天妃又續通考云

至元十五年封泉州神女護國明著靈惠協正善慶顯濟天妃二十五年加封廣佑明著天妃七修類藁亦謂至元中顯靈於海有海運萬戶馬合法忽魯循等奏立廟號天妃順帝又加輔國護聖庇民廣濟福惠明著天妃是天妃之名自有元始何喬遠閩書載妃生卒與張燮同又謂生時卽能乘席渡海人呼爲龍女昇化後名其墩曰聖墩立祠祀之洪武五年又以護海運有功封孝順純正孚濟感應聖妃則又有聖妃之稱七修類藁則云封昭應德正靈應孚濟聖妃續通考永樂中建天

妃廟賜名宏仁普濟天妃宮有御製碑正月十五三月二十三日遣太常寺致祭故今江湖間俱稱天妃天津之廟並稱天后宮相傳大海中當風浪危急時號呼求救往往有紅燈或神鳥來輒得免皆妃之靈也七修類藁載成化中給事中陳詢奉命往日本嘉靖中給事中陳侃奉使封琉球遇風呼天妃皆得免竊意神之功效如此豈林氏一女子所能盡水爲陰類其象維女地媪配天則曰后水陰次之則曰妃天妃之名即謂水神之本號可林氏女之說不必泥也張學禮使琉球記又云天妃姓蔡閩海中梅花所人爲父投海身死後封

天妃則又與張燮何喬遠所記不同矣

天妃非女

五雜俎曰天妃海神也謂之妃者言其功德可以配天爾今祠多作女像此與祠大士者相同習而不覺其非也

天地水三官

陔餘叢考曰道家有所謂天地水三官者歸震川集有三官廟記云其說出於道家以天地水爲三元能爲人賜福赦罪解厄皆以帝君尊稱焉或又以爲始皆生人

而兄弟同產如漢茅盈之類也是震川初未嘗考其由來耶瑛亦但謂天氣主生木爲生候地氣主成金爲成候水氣主化水爲化候其用司於三界而以三時首月候之故曰三元三元正當三臨官故又曰三官則瑛亦未究其出自何處按通志有三元醮儀一卷但不題撰人姓氏宣和畫譜有名畫周昉三官像圖及唐末范瓊孫位張素卿皆有之又東坡集中有水官詩乃大覺璉師以唐閻立本所畫水官贈老泉老泉作詩報之兼命坡公屬和者然老泉詩徒摹寫閻畫東坡亦第述立本

之以書名家而未著水官所自惟宋景濂跋揭文安傒斯所撰曲阿三官祠記謂漢熹平間漢中張修爲太平道張魯爲五斗米道其法略同而魯爲尤甚自其祖陵父衡造符書於蜀之鶴鳴山制鬼卒祭酒等號分領部衆有疾者令其自首書名氏及服罪之意作三通其一上之天著山上其一薶之地其一沈之水謂之天地水三官三官之名實始於此云云此最爲得實但裴松之三國志註引典略謂爲太平道者乃張角爲五斗米道者乃張修後漢書及司馬通鑑亦同景濂乃謂修爲太

平道爲五斗米道不免小誤按松之所謂張修應是張衡即張魯父也典略誤耳然張衡等但有三官之稱而尚未謂之三元其以正月七月十月之望爲三元日則自元魏始魏書孝文帝以太皇太后喪詔令長至三元絕告慶之禮是三元之名魏已有之蓋其時方尊信道士寇謙之三元之說蓋即謙之等襲取張衡三官之說而配以三首月爲之節候耳册府元龜唐開元二十二年十月勅曰道家三元誠有科戒今月十四日十五日是下元齋日都內人應有屠殺令河南尹李適之勾

當總與贖取並令百姓是日停宰殺漁獵等自今以後兩都及天下諸州每年正月七月十月三元日起十三至十五兼宜禁斷舊唐書武宗紀會昌四年正月勅三元日各斷屠三日宋史方伎傳苗守信精道術書上言三元日上元天官中元地官下元水官各主錄人之善惡皆不可以斷極刑事下有司議行此又三元之名之原委也

金龍四大王

陔餘叢考曰江淮一帶至潞河無不有金龍大王廟按

湧幢小品神姓謝名緒南宋人元兵方盛神以戚畹憤不樂仕隱金龍山築望雲亭自娛元兵入臨安赴江死尸僵不壞鄉人瘞之祖廟側明祖兵起神示夢當佑助會傅友德與元左丞李二戰呂梁洪士卒見空中有披甲者來助戰元遂大潰永樂中鑿會通渠舟楫過河禱無不應於是建祠洪上隆慶間潘季馴督漕河河塞不流爲文責神神詰之曰若官人何得無禮河流塞亦天數也爲我傳語司空吾已得請河將以某日通矣已而果驗於是季馴事之甚謹施愚山矱齋雜記亦載之然

則神之祀始於永樂中而隆慶以後乃益盛歟謹桉順治二年十二月封黃河神爲顯祐通濟金龍四大王之神運河神爲延休顯應分水龍王之神邵遠平戒山文存載神父生四子紀綱統緒神居季故號四大王又陳棟淮鄒鎮海金神廟記龍於五行屬乙辰巽風皆木也木畏金從其畏厭之可無患於是創鎮海金神廟然則地四生金鎮海之義不必拘於住金龍而行四也

桉河神又有朱大王諱之錫順治丁亥進士官河道總督殁而爲神與金龍大王皆浙人也又有黃大王偃師

人諱守才生而為神年七歲乘鳧飛上緱山屢著靈異沿河居民比戶尸祝乾隆三年　敕封靈佑襄濟王近又有栗大王諱毓美渾源州人官河道總督改用甎護隄隄益堅沒而為神按今人但知用甎始於栗公而不知栗公實見涇縣包慎伯築甎壩於館陶漳神廟前仿而行之耳然亦見公之隨事留心也

河伯馮夷姓名不一

容齋四筆曰張衡思元賦號馮夷俾清津兮櫂龍舟以濟余李善註文選引青令傳曰河伯姓馮氏名夷浴於

河中而溺死是爲河伯太公金匱曰河伯姓馮名修裴氏新語謂爲馮夷莊子曰馮夷得之以游大川淮南子曰馮夷服夷石而水仙後漢張衡傳註引聖賢冢記曰馮夷者宏農華陰潼鄉隄首里人服八石得水仙爲河伯又龍魚河圖曰河伯姓呂名公子夫人姓馮名夷唐碑有河侯新祠頌秦宗撰文曰河伯姓馮名夷字公子數說不同要皆不經之說蓋本於屈原遠遊篇所謂使湘靈鼓瑟兮令海若舞馮夷前此未有用者又考淮南子原道訓曰馮夷大丙之御也乘雲車入雲蜺許叔重

曰皆古之得道能御陰陽者此自別一馮夷也按王充論衡夏桀無道費昌問馮夷云云是馮夷尚屬夏末時人然山海經已有馮夷之都則與桀時馮夷又屬兩人矣

伍子胥爲潮神之謬

日知錄曰世傳子胥爲潮神予嘗以爲妄或謂昔人言潮無出子胥前者因爲舉書朝宗之語而齊景嘗欲遵海觀朝儛矣且屈原云聽潮水之相擊而易亦有行險不失信之言自有天地卽有此潮豈必見紙上而後信哉子胥濵於吳江適有祠廟當潮頭不知丹徒南恩等潮且復爲誰潮耶

曲園雜纂曰越絕書計倪內經越王句踐既得反國問計倪曰吾欲伐吳恐弗能取山林幽冥不知利害所在西則迫江東則薄海上屬蒼天下不知所止交錯相過波濤濬流沈而復起因復相還浩浩之水朝夕既有時動作若驚駭聲音若雷霆波濤援而起船失不能救余

按此即言今錢塘江之潮自來言潮者莫先於此其時句踐初反國則子胥猶未死文種更無論矣亦足破前潮子胥後潮文種之俗說

潮神不止伍子胥

今人皆知伍子胥爲潮神謹桉祀典雍正二年　敕封伍員爲英衛公宋尚書張夏爲靖安公春秋致祭是張夏亦一潮神又杭州候潮門外蔣侯廟亦稱潮神但未載入祀典考夢粱錄蔣侯兄弟三人名崇仁崇義崇信力行好事里人立祠表其德錢塘志載咸淳六年封神皆侯爵曰孚順孚惠孚佑立廟江干香火甚盛是宋時已祀之矣又楚屈原爲江神漢陳平爲河神唐裴說爲淮神楚伍大夫爲濟神見月令廣義

二郎神有二

二郎神有二一為秦蜀郡太守李冰子佐父治水有功元至順六年加封為英烈昭惠靈顯仁祐王見續文獻通考此灌口二郎神也　一為宋大將李顯忠子明正統中勅號波海蕩祀保安安定安塞等縣見延安府志又長洲志謂神姓趙名昱灌州人隋大業中為嘉州守嘗握劍入江斬蛟尋隱去不知所終後嘉州江水泛溢為害神顯績平之累封赤城王宋真宗時進封清源妙道真君據此則灌口二郎神姓趙非姓李隋人非秦人矣

楊泗將軍

今湘鄂江皖間奉祀江神有所謂鎮江王楊泗將軍者香火之盛甲於東南按邱瓊山有言曰自有天地卽有山川既有山川卽有所以主之者是則所謂神也後人增加封號且求其人以實之失之鑿矣考諸典籍有虞氏望于山川三代以來但稱五嶽四瀆至唐武后始加山川之神以人爵封號（唐書本紀）後儒譏之然考歷代之封江神自唐元宗天寶六載封江瀆爲廣源公始（舊唐書本紀）其後宋仁宗康定二年增封廣源王高宗紹興三十一年又增六字爲昭靈孚應威烈廣源王（文獻通考）元至正二

十八年又封廣源順濟王續通考明太祖洪武三年始定爲南瀆大江之神而不加封號明史禮志皆無所謂鎭江王也又考宋史禮書眞宗封禪畢詔封江州馬當上水府福善安江王太平州采石中水府順聖平江王潤州金山下水府昭信泰江王此外亦無鎭江王之名夫既無鎭江王又安有所謂楊泗將軍者哉余嘗乘舟過湖北廣濟縣之盤塘山榜人鳴金焚楮謂楊泗將軍墳在焉後檢廣濟縣志閱之謂盤塘山最高處爲笠兒腦有蔡大官昇天遺跡相傳大官名廣福弟廣善唐貞觀中勅

為神神有將曰楊臘兒蜀人父朗架木簰至盤塘遇石鷹嘴簰解朗死於水臘兒求父尸不得自四月至五月號呼江上亦投水死神感其孝收為將今俗祀神四五月間民相聚和歌其尾聲相助必曰楊臘兒尋楊朗兒那裏尋那裏尋云云詞語鄙俚誠不足據其稱臘兒為大官神將與楊將軍三字恰合固係邑志之傳會至加鎮江王封號邑志並未傳會及之也然舟過其處必禱祀之者正自有故楼盤塘對岸為富池口有吳將甘興霸廟（俗稱吳王廟）飛鴉顯聖宋代已然自昔舟從長江往反

無不望空禱祀及盤塘有楊將軍墳之說楊人遂以所禱祀者爲楊將軍不復知有甘將軍矣且志稱楊名臘兒似生臘月非六月又云自四月至五月臘兒求父尸不得亦投水死則是死於五月亦非六月而世俗皆以六月六日爲將軍誕辰何也考路史大禹以六月六日生自昔沿江一帶當以是日祀大禹自有楊泗將軍之神從而祀之因而誤以大禹生日爲將軍誕辰矣然廣濟志固不足據偶閱道家搜神記所載似可信者記稱楊泗將軍爲唐末吳王楊行密四大鎮之一將軍爲行

密族人嘗鎭泗州威信大著流賊不敢入境江淮始通
民感其惠立祠祀之南宋時著靈異勅封鎭江王云云
今考十國春秋吳王楊行密以三十六英雄起自合肥
並無有宗人著名其著名者以李神福張訓陶雅劉威
田頵爲最皆未嘗鎭泗州其鎭泗州者爲防禦使臺濛
武勇夙著至乾甯四年夏四月汴將聶金掠泗州濛不
能禦寇安得爲神又朱瑾傳徐溫子知訓惡瑾位加己
上以泗州建靜淮軍出瑾爲節度使瑾恨之將行召知
訓飲伏兵殺之遂自刎尋葬廣陵瑾名重江淮時民多

病瘧皆取其墳上土以水服之云病輒愈徐溫惡之發其尸投於雷塘後溫病夢瑾挽弓射之溫懼網其骨葬塘側立祠其上據此則瑾實爲神又鎮泗州似與搜神記所論符合而不知瑾並未往泗州亦非楊氏子弟也楊氏子弟十國春秋載太祖子三王高祖子一王睿帝太子及四王皆柔懦無能爲徐溫父子所制則搜神記之說亦不足憑竊謂楊行密以非常之傑削平江淮又寬仁雅信慎於刑法拓地數千里幾於乂安生爲吳王殁爲江神亦何不可然行密薨年五十有四又與今俗

所祀白面年少者不合道光汪仲伊云曾見一書稱爲楊四將軍卽岳忠武將楊再興再興行四故稱之則泗當爲四之訛考再興戰死小商橋忠義之氣固當沒而爲神今河南省城內外大王廟附祀陳九龍將軍曹將軍楊四將軍及各河神久列祀典所謂楊四將軍者或卽是楊再興然爲河神而非江神也俗又稱楊泗將軍爲平浪王桉續通考載明封晏公爲平浪侯不聞封楊泗將軍也許纘曾東還紀程載今楚中江右舟行者崇祀蕭公晏公如黃河之祀金龍四大王一入蜀江又皆

祀張桓侯據此則國初舟行長江尚未有崇祀楊泗將軍者頃閱邸鈔新疆劉大臣奏請賞加楊泗將軍匾額一摺則知仰荷宸褒且崇祀於嶺表矣按鴻苞名山藏月令廣義以楚屈原爲江神古史考又以黃帝時震蒙氏女奇相沈江而死化爲江神皆係傅會之說

晏公廟

陔餘叢考曰常州城中白雲渡口有晏公廟莫知所始及閱七修類稿乃知明太祖所封也時毘陵爲張士誠之將所據徐達屢戰不利太祖親率馮勝等十人往援扮爲商賈順流而下江風大作舟將覆太祖惶懼乞神

忽見紅袍者挽舟至沙上太祖曰救我者誰也默聞曰晏公也及定天下後江岸常崩有豬婆龍在其下迄不可築有老漁教炙豬爲餌以釣之龔貫繩而下龔單其頂其物二足推拒不能爬於土遂釣而出岸乃可成眾問老漁姓名曰姓晏倏不見明祖聞之悟曰盎即昔救我於覆舟者也乃封爲神霄玉府晏公都督大元帥命有司祀之吾常所以有此廟也又續通考臨江府清江鎮舊有晏公廟神名戍仔明初封爲平浪侯

五壇神趙公明

俗祀財神以爲立壇神趙公明謂見封神記不知封神記乃子虛烏有之事何足爲據又姑蘇志謂立壇神姓趙名朗字公明趙子龍之從兄弟說亦附會

蘇杭機神姓名

履園叢話曰機杼之盛莫過蘇杭皆有機神廟蘇州之機神奉張平子不知其由廟在祥符寺巷杭州之機神奉褚河南廟在張御史巷相傳河南子某者遷居錢塘始教民織染至今父子並祀奉爲機神並有褚姓爲奉祀生即居廟右棲唐時以七月七日祭機杼想又以織

女星爲機神也按淮南子以黃帝之臣伯余爲機之始則機神當祀伯余

藥王不獨孫思邈

世稱唐初孫眞人思邈爲藥王按續神仙傳藥王姓韋名古道天竺人開元中帝召入宮賜號藥王又列仙傳云唐武后朝韋善俊京兆人長齋奉道常攜黑犬名烏龍世俗謂之藥王又高士奇扈從西巡日錄云藥王廟專祀扁鵲四月二十八日賀藥王生日又徐崧張大純百城煙水云程瑞鄒溶詠藥王廟詩皆指神農然神農爲古炎帝不應稱王而藥王之稱亦不獨孫眞人也

劉猛將軍之說不一

周禮族師祭酺註以爲酺人物災害之神疏謂漢時有蝝螟之酺神蓋亦爲壇位如雩禜是主蟲災者酺神也今世所祀劉猛將軍不見正史靈異錄以爲宋紹興進士金壇人劉宰字平國爲浙江東倉司幹官告歸隱居三十年卒謚文清以正直爲神能驅蝗保穡俗稱將軍者誤此一說也靈泉筆記云宋景定四年封劉錡爲揚威侯天曹猛將有勅書云飛蝗入境漸食嘉禾賴爾神靈剪滅無餘然則神爲中興四將之一此又一說也汪

沈識小錄又以爲錡弟名銳者然宋史劉錡傳無弟銳之名不知何所本此又一說也畿輔通志稱神名承忠吳川人元末授指揮適江淮飛蝗千里揮劍逐之蝗盡死後以王事自沈於河土人祠之有猛將之號此又一說也漫塘文集劉通判行述云公諱極知樂平縣時有蝗自西北來所至害稼過縣不下人以爲德政所感端平中勅命云勅朝奉郎寶謨閣主管建昌軍遂訛爲將軍此又一說也然劉猛實有其人霧海隨筆謂北史載鐵弗劉武北部帥劉猛之從子則亦一劉猛已在晉世

又後漢書桓彬傳曹節壻馮方言彬等爲酒黨事下尚書令劉猛猛善彬不舉正其事節怒劾猛下獄又云猛琅邪人桓帝時爲宗正直道不容自免歸家則此劉猛雖非將軍而爲尚書令及宗正且正直安知不爲神

八蜡之說不同

潛研堂集曰問八蜡之神諸家之說不同鄭康成謂先嗇一司嗇二農三郵表畷四貓虎五坊六水庸七昆蟲八也王肅分貓虎爲二而去昆蟲陳祥道則去昆蟲而增百種呂大臨則去先嗇昆蟲而增百種又分貓虎爲

二或又有分郵表畷爲二而去昆蟲者當何所從乎曰記載蜡者索也合聚萬物而索饗之也孔沖遠詩正義云八蜡爲其主耳所祭不止於此四方百物皆祭之春官大司樂云凡六樂者一變而致羽物再變而致贏物三變而致鱗物四變而致毛物五變而致介物六變而致象物註云此謂大蜡索鬼神而致百物又大宗伯以疈辜祭四方百物註云謂磔禳及蜡祭是蜡祭四方百物皆祭之然則鄭康成蔡中郎以昆蟲爲八蜡之一非無徵矣或謂昆蟲害稼於禮不當祭予謂人與物一也

人死爲鬼鬼有所歸則不爲厲故泰厲公厲族厲之祀先王舉而不廢蝥蟓螟蝗之害稼亦由政治之失而生則必有神以司之矣祭之俾上之人知所警戒而小民亦有所恃以無恐此八蜡所以終昆蟲也

六神之說不一

堅瓠集曰朱雀元武青龍白虎之名見於曲禮其云前後左右則黃帝布陣畫諸旗幟以指揮兵士究其義指四方星宿之形似而言也蓋以翼井爲冠軫如項下之嗉南方火其色紅故謂之朱鳥乃元武則以虛危如龜

而螣蛇在虛危度之下位西北其色元有鱗甲見武象
焉故謂之元武而以角爲角以心爲心以尾爲尾東方
木其色青故謂之青龍西方金其色白故謂之白虎六
壬甲乙青龍丙丁朱雀戊己句陳庚辛白虎壬癸螣蛇
元武蓋壬癸北方兼龜蛇二象卜者以螣蛇無位遂分
戊爲句陳己爲螣蛇不知戊己爲中央土必屬句陳若
强分螣蛇於己是以中央爲北矣一說壬起螣蛇癸起
元武蓋壬爲陽水以螣蛇之雄配癸爲陰水以元武之
雌配不易之道也但句陳不知何物宋仁宗以麒麟爲

句陳一云句陳天馬也一云句陳天上神獸鹿身龍首梁書云神之匹有五東青龍西白虎南赤鳳北元龜中央黃螾螾蚓也未知孰是

司命非竈君

隨園隨筆曰道家稱竈神爲東廚司命此誤也桉祭法王爲羣姓立七祀諸侯五祀其一曰司命康成以爲小神居人間司察小過作譴告漢制掌之荆巫應劭云刻木長尺二寸爲人像行者置篋中居則作小屋祠以春秋之月劉平作九歌分而爲二有少司命大司命之稱

其非竈神明矣

竈神實老婦

竈神始見周禮註顓頊氏有子曰黎祀爲竈神按淮南
子黄帝作竈死爲竈神則不始於顓頊之子李尤竈銘
云燧人造火竈則竈又始於燧人氏矣禮器曰奧者老
婦之祭也鄭註竈神祝融是老婦則竈神是婦人而非
男子然酉陽雜俎載神名隗狀如美女莊子竈有髻註
亦謂髻似美女則竈神但似婦女而非眞婦人雜俎又
謂竈神夫人字卿忌有六女皆名察常以月晦日上天

白人罪五經異義亦稱竈神夫人王摶頭一作摶頰既有夫人當非老婦然是皆異說未可據以駁經則竈神終當從禮器之說以爲老婦也又異義載竈神蘇吉利婦組截神名隗一名壤子後漢書載神姓張名單一作郭禪所傳姓名亦不一也

吳王夫差爲神

夫差以驕淫亡國本無足稱夢粱錄載昭濟廟在臨安候潮門外渾水閘西相傳爲吳王夫差廟加封曰善應安濟孚祐顯衛侯豈越人畏其爲厲因而崇祀之耶

吳祀范蠡之非

識小類編曰吳人祀范蠡張翰陸龜蒙爲三高祠愚意以爲張陸可也而范蠡不可也當越沼吳之日吳之川原被其蹂躪幾使祖宗邱墓爲墟吳之老幼遭其屠戮亙介于孫奕世含怨誰實爲之皆范蠡也今蠡以扁舟逃匿於此吳人皆得食其肉焉乃以不共戴天之仇而祀爲三高之首甚不解也宋劉清軒詩可笑吳癡忘越恨卻誇范蠡作三高元謝應芳上書饒參政謂蠡事越亡吳吳仇也禮不祀非族法宜去請祀泰伯仲雍季札而張陸列其旁饒韙其言會亂中止

蜀劉璋爲神

西湖志稱杭州有屠墟靈昭侯廟碑書蜀主劉璋璋未王蜀又何以祀杭殊不可解今湖北省漢陽門外濱江有白鱔廟亦祀劉璋璋有恩德於蜀何吳楚祀之如此按杭州武昌三國時皆屬吳

吳主孫皓爲神

文獻通考載宋孝宗乾道四年加封楚州顯濟廟靈感王乃吳主孫皓祠汪大猷等使虜還言其靈感故加封仍命使人往來皆前期祭之愚按孫皓生且不保其國

而爲降虜沒數百年乃能顯異耶

汪公先敗後降之誣

汪仲伊日桉通鑑隋末歙州汪華據黟歙等五州自稱吳王唐高祖四年九月甲子遣使歸唐拜歙州總管與新唐書本紀月日正同十一月杜伏威使其將王雄誕以饒洪兵萬餘人來襲唐書謂雄誕平杭州迴軍擊之拒之於新安洞口敗績遂以降公聞唐書謂華戰敗窘急面縛而降得除歙州刺史總管歙睦衢三州見太平寰宇志蓋公遣使歸唐時杜伏威方以丹陽降唐自稱行臺聞公遣使長安遂中所忌

密飭雄誕襲之居討平之名雄誕亦因之以攘歙州刺史之位其詭詐殊爲可鄙世人每據雄誕傳所言遂疑公爲先敗後降幸通鑑新唐書所記月日前後次序可考因詳據而明辨之

汪公保障六州當在降唐後

嘗閱汪氏宗譜載越國公略云公歙人隋末大亂應州牧募得軍士心逐州牧推公爲首領保障宣歙饒杭婺睦六州流賊不敢犯及聞唐祖興日日月出矣版圖宜有所屬乃齎使上表封越國公此謂保障六州在降唐

前也錢塘縣志載大觀臺之麓汪王廟祀唐節度使汪華高祖時以保障有功封越國公稱王持節歙宣杭睦饒婺六州軍事此謂保障六州在降唐後也志又載宋封靈惠公明封廣濟王宋汪藻爲公後人通守宣城時有靈惠公廟詩自註隋末公有宣徽之衆本朝以陰兵佐邊境錫今封云云桉新書高祖本紀載汪華起新安號吳王又載四年九月甲子汪華降舊書未及載且均未載降後授何官汪氏譜載公以貞觀二年四月朝京師授左衛白渠府統軍典宿衛者二十年有告敕二道藏於家廟南宋時郡守范鐘爲刻於石考新書兵志永徽高宗以後

都督帶使持節者始謂之節度使然猶未以此名官景雲睿宗二年以賀拔延嗣爲涼州都督河西節度使自此以後接乎開元朔方諸鎮皆置節度使據此則唐初無節度使之官錢塘志稱公爲節度使亦屬附會且史但稱華據本郡汪藻詩亦止稱有宣歙之衆皆不及杭饒睦婺等州惟通鑑稱華據黟歙等五州自稱吳王則亦非六州攷是時董景珍以鄱陽屬饒州歸蕭銑李子通由江都竄杭州沈法興自東陽屬婺州下餘杭吳興數郡則保障六州之說亦未見確然據汪藻詩宋時已祀於宣

城據錢塘志又祀於杭城按陸游老學菴筆記云曾詠爲浙漕一日坐客言徽州汪王靈異者詠問汪王若爲封唐永夫日可劉曹濟此亦汪王顯靈於宋時之一證而吾鄉徽甯二府今皆奉爲土穀神倘無功德及民何以崇祀如此

按新唐書地理志唐興高祖改郡爲州太守爲刺史置都督府以治之意者公以歙州降後五州猶有餘孽未靖唐以公爲六州都督府保障有功故民從而祀之歟然則公之保障六州在降唐後不在據歙州時也謹按國朝咸豐八年奉敕加襄安封號

汪公廟亦可稱吳王廟

曉讀書齋四錄曰今徽甯二府多祀唐汪華以爲土穀之神其木主有稱越國公者有稱汪王者然吾以爲既稱王即當稱吳王以從其自號唐書高祖本紀所云汪華起新安杜伏威起淮南皆稱吳王是也

九相公

吾邑九相公廟凡三處休甯尤多祀唐越國公汪華第九子也遍考新舊書及唐宋人說部皆不載惟汪氏族譜云越國公第九子諱獻年十九討輔公祏戰沒然則九相公以忠孝成神宜歆至今祀之固其宜也

太子廟祀張巡之誤

眞珠船曰陝西會城方街有太子廟所祀乃唐張巡廟碑謂唐嘗贈巡爲通眞三太子考之唐書及他傳記咸無其說且人臣未聞以太子爲贈者本傳巡開元末進士由太子通事舍人出爲清河令意者因銜中太子字遂以訛有茲稱

周宣靈王非孝侯

吾邑治西有周宣靈王廟里人謂王掌天醫香火甚盛惟楹聯祝文悉用斬蛟射虎移孝作忠等故事直以爲

孝侯此說也按元順帝封周處英義武惠正應王亦無封以宣靈王之號者考江耕禮

周宣靈王廟碑記云王名繆宣臨安新城縣人校新城屬杭州

湖壖雜記云周宣靈王睦人也父榮故長者孕王時其

睦州爲今嚴州府似非新城人

母夢龍噴水着衣驚寤而誕時宋建炎戊申歲也三歲

母死繼母孫氏育之少喪父遺兩幼弟王事母孝撫弟

有恩性敏好讀書家寒以養母故舍儒習賈稍充母

爲議婚辭曰兒婚當在三十七早非宜母信之而止蓋

先有相人者謂其年僅四九王默識之不忍累人女子

也隆興癸未販木衢州偶入廟見泥神手招之出語人

日吾數盡矣思與母訣徒步歸至鷺鷥灘失足落水時年正三十六屍流儒城水亭門外香氣數日不散人感其異殮之爲立廟肖像以祀母聞而至號哭入廟像忽起立事聞於官爲奉柩歸本邑葬之西鄉方家塢端平間詔封廣平侯嘉熙二年戊戌以太后疾祈禱愈加封護國宣靈王王生時嘗遊歙之橫坑寺施藥療人疾全活甚衆歿後土人爲立廟有禱必應每歲九月十三遐邇裹糧往者且萬人是日乃王歿日也據此則與孝侯毫不相涉又按小知錄曰神名雄杭之新城深渚人生

於宋季銳志恢復抑鬱以沒此又一說也

露筋祠五解而以貞女事爲是

隨園隨筆曰俗傳有女子不宿人家爲蚊嚙死至露其筋說見王象之輿地紀勝此一說也江德藻北道記云鹿過郊伯埭一夕爲蚊所食見筋故名鹿筋又一說也三餘編云露筋乃爐金之訛晉時有友二人於此開爐治金分財忿爭一人置金路上竟去後人義之以其金爲立祠又一說也查愼行詩云舊是鹿筋梁何年祀女郎註云鹿筋梁古地名亦本北道記又一說也是齋日記云

後五代時楊行密有將名路金戰死於此故立廟祀之又一說也疑辯詞蚊不能殺人而疑貞女事爲僞託余按孫公談圃云秦州西溪多蚊使者按臨以艾煙薰之有廳吏大醉爲蚊嚙死是又蚊能傷人之證也酉陽雜俎云江淮間有驛俗呼露筋嘗有人醉止其處一夕白鳥咕嘬血滴筋露而死是則俗所傳之蓋本而恰不云是女子米元章露筋祠碑云神姓蕭名荷花

黃爛餘話曰露筋祀傳聞異辭本無的據然如貞女之說頗可風世君子亦存其可風者立廟塑像一聽人之

尸而祝之耳

新義錄卷九十一終

新義錄卷九十二目錄

鬼神類三

新義錄卷九十二

安徽太平縣孫璧文玉堄甫 一字玉堂

鬼神類三

閻羅王有非正人之說

梁簡文帝唱導文云閻羅發十善之心牛旁啟五戒之業此閻羅二字見文字之始桉內典閻羅王名閃多羅昔兄弟十八戰敗同啟惡願遂生九幽酆都故華嚴經以閻王列餓鬼之下謂閻王朝登寶殿則侍衛森嚴夕吞鐵丸則肢體糜爛惟帶樞帶孽者爲之昔聞一僧有

天符召作閻王僧懼大起精進一心念道符使遂絕似爲閻羅王者非正人而亦有不然者史稱包孝肅知開封京師語曰關節不到有閻羅包老後人遂以孝肅爲閻羅韓莊公擒虎爲閻羅王見本傳志怪錄云成化中長洲民王薇病死復生言見王者坐殿上竊問旁人曰閻羅王即范參政仲淹也然則范公亦爲閻羅矣中吳紀聞釋氏書謂人死五七則見閻羅王宋龔明之曾王妣夢見曾王父云來日當見范文正公公本天人見司生死之權代醉編載寇忠愍有妾倩桃言公當爲地下閻羅王公亡有王克勤見公於曹州境上詢之後騎曰閻浮提王

文政也然則范公又為閻羅矣堅瓠集言蔡忠惠病革興化守李遊夢神人自云欲迓代者問之曰余閻羅王蔡襄當代我然則蔡公亦一閻羅矣但又言　本朝王文安鏵自言前身為蔡忠惠當時因得罪英宗歿後冥司罰為餓鬼若然則蔡公為餓鬼不為閻羅也見聞錄

順治庚寅春武進諸生龔廷掄因病夢判幽冥事後無病而夢亦然總三百餘案歷歷不忘隨筆錄之同郡潘靜菴刊活閻羅斷案行世艮齋雜說　本朝趙定宇少宰鄭澹泉司寇皆作閻羅王皆正人也惟宋理宗朝宦

者董宋臣招權納賄無所不至人目爲董閻羅李全交號人頭羅刹此則如內典所云當列於餓鬼之下者也

閻羅王二子長名江次名海見庚已編

十殿閻王之說始於宋

小繁露曰夷堅志俞一郎被病爲二鬼卒拽出及一門樓使者導入望殿上十人列坐著王者之服問爲何所曰地府十王也又載酆都縣五里外有酆都觀其山曰盤龍山創道家所稱北極地府之所舊傳王陰二君自此仙去王陰二君不知何名

閻羅命名之義

識小類編曰論衡訂鬼篇鬼者甲乙之神甲乙者天之別氣人死甲乙之鬼至矣然而黙鬼之至者又庚辛之神何以驗之如人甲乙病者死期常在庚辛日以是推七七之說不過五行相尅之理怡庵雜錄云佛老有地府十王之說葢卽十干之義其五殿稱閻羅最尊者以位配戊己故也其有七七之名者葢取十干循流至七則黙尅制如甲子至第七日庚午甲遇庚尅制庚子至第七日丙午庚遇丙尅制更以十二支論之一日子至

第七日遇午爲沖一日丑至第七日遇未爲沖以其相尅相沖故爲之禳解易七日來復亦此義也予桉十王各有姓名俱從五行納音推之如一殿楚江二殿秦廣之類非眞有其人主之也亦如六十花甲值歲各有姓名如甲子姓金名辨乙丑姓陳名材之類亦從五行納音推之耳

城隍

冬夜箋記謂城隍之名見於周易泰之上六城復於隍是也又引禮記天子大蜡八伊耆氏始爲蜡註伊耆堯

也蜡神入水庸居七水隍也庸城也春秋鄭災祈於四鄘宋災用馬於四鄘鄘墉同由此推之祀城隍蓋始於堯時矣城隍之有廟則始於吳賓退錄謂蕪湖城隍廟建於吳赤烏二年是也惟祀城隍神則見於六朝核北史齊慕容儼鎮郢城以祀城隍神破梁軍隋書五行志梁武陵王祭祀城隍神將烹牛有赤蛇繞牛口至唐代祀之者漸多唐文粹有李陽冰縉雲縣城隍記謂城隍神祀典所無惟吳越有之是唐初尚未列於祀典張曲江集有祭洪州城隍神文杜子美詩有十年過父老幾

日賽城隍之句杜樊川集有祭城隍祈雨文則唐中葉各州郡皆有城隍陸放翁甯德縣城隍廟記亦五代吳越王錢鏐有重修墻隍神廟碑記以城爲墻者避朱全忠父諱也宋張南軒治桂林見土地祠令毁之曰此祠不經自有城隍在或問既有社莫不須城隍否曰城隍亦贅也然載在祀典是宋時已久入祀典矣其封城隍爲王者見於後唐廢帝清泰元年封城隍而及其夫人者見於元文宗天歷二年明太祖初詔天下府州縣建城隍神廟封京城隍爲帝開封臨濠東平和滁爲王府

爲伯縣爲侯洪武三年去封號但稱某府縣城隍之神至以鬼神爲城隍者見宋史蘇緘殉節於邕州交人呼爲蘇城隍春明夢餘錄謂鎭江慶元甯國太平華亭蕪湖等郡邑城隍神皆以爲紀信龍且贛袁瑞吉建昌臨江南康皆以爲灌嬰杭州府志載明代按察司南海周新爲杭州城隍南雍記以蕭何爲南陽城隍紀聞以桓彝爲宣州城隍江甯府志以文文山爲江甯城隍中吳紀聞以春申君黃歇爲蘇州城隍幽怪錄以趙汝灃爲澧州城隍冷廬雜誌以張睢陽爲湖州城隍金川瑣記

以　本朝吳一嵩爲金川城隍勸戒錄以　本朝李賡芸爲漳州城隍鮚埼亭集以錢忠介爲鄞縣城隍明侍郎揭重熙爲建甯城隍侍郎張同敞爲桂林城隍其他如粵省城隍爲倪文毅雷州城隍爲陳馮寶英德城隍爲漢紀信諸如此類不可勝紀又棱城隍乃主城郭之神而世傳爲治陰間之事則又見夷堅志甯世昌所居應被火而城隍救之殿前程某部綱馬濟江以不祭城隍神而馬死過半鄱陽城隍誕辰士女多集廟下命道士設醮張通判之子病祟乞路當可符法治之俄有一

金紫偉人至路詰之曰爾爲城隍神知張氏有鬼祟何不擒捉朱琮妾以妻王氏妬至於自刎遂爲祟朱請閤阜山道士禳之道士牒付城隍廟拘禁是時城隍之祀一如郡縣有司官與今制大略相同矣今七月二十四日爲都城隍誕辰（續文獻通考作五月十五日）相傳是日爲築城之始云

土地

陔餘叢考曰今翰林院及吏部所祀土地神相傳爲唐之韓昌黎不知其所始按東塾志湖州烏鎮普靜寺本

沈約父墓約官於朝嘗每歲一歸祭掃其反也梁武帝
輒遣昭明太子遠迎之約不自安遂遷葬其父於金陵
而捨墓爲普靜寺故寺僧祀約爲土地神又宋史徐應
鑣傳臨安太學本岳飛故第故飛爲太學土地神今翰
林吏部之祀昌黎蓋亦倣此
按說聽荆州麻山漢昭烈下江陵時庽於中居民因祀
爲土地神又搜神記漢末蔣子文逐賊至鍾山而死吳
先主時其故吏遇之於途子文曰我當爲此土地神惟
芸蘿山居民祀西施爲土地神蘇不可解香祖筆記杭

州養濟院祀嚴嵩爲土地神說者謂嵩籍沒後寄食於養濟院而死故祀之於院夫姦惡如嵩當入黑暗地獄爲餓鬼安得爲神

祭土地神見禮記檀弓

履園叢話曰今墳墓有土地之神每年祭埽必設酒脯祀之其來已久見檀弓以几筵舍奠於墓左註虞翻云舍奠墓左爲父母形體在此禮其神也正義云置於墓左禮地神也

地獄

山東考古錄曰或謂地獄之說本於宋玉招魂之篇長人土伯則夜叉羅刹之論也爛土雷淵則刀山劍樹之地也雖文人之寓言而意已近之矣於是漢魏以下之人遂演其說而附之釋氏之書昔宋儒胡寅謂閻立本寫地獄變相而周興來俊臣得之以濟其酷又孰知宋玉之文實為之祖孔子謂為俑者無後有以夫

冬夜箋記曰地獄之說如洞賓所說最切人之性念於善則屬陽明其性入於輕清此天堂之階也念於惡則屬陰濁其性入於昏暗此地獄之路也天堂地獄非果

有主之者由人心化成耳

十八地獄

曲園雜纂曰鄭璞引六根六塵六識爲十八畍一不得所即爲地獄因謂十八重地獄在眼前尚足醒世然地獄之說實無一定攷長阿含經大地獄有八八大地獄各有十六小地獄而三法度論經則云地獄有三三之中共有十九皆不言十八重惟問地獄經云十八王者即主領十八地獄一迦延典泥犂二屈遵典刀山三沸進壽典沸沙四沸屎典沸屎五迦世典黑耳六嶱嵯典

火車七湯謂此與鑊湯八鐵迦然與鐵牀九惡生與嗑山十寒冰經閼王名十一毗迦與剝皮十二遙頭與畜生十三提薄與刀兵十四夷大與鐵磨十五悅頭與氷十六鐵冊經閼王名十七名身與蛆虫十八觀身與洋銅此則十八地獄與世所傳相合矣

渿河橋

山東考古錄曰岱嶽之西南有水出谷中爲西溪自大峪口至州城之西而南流入於泮曰渿河其水在高里山之左有橋跨之曰渿河橋世傳人死魂不得過而曰

奈何此如漢高帝云柏人迫於人也

鍾馗非真

陔餘叢考曰顧甯人謂世所傳鍾馗乃終葵之訛其說本於楊用修郎仁寶二人仁寶七修類稿云宣和畫譜釋道門載六朝古碣得於墟墓間者上有鍾馗二字則非唐人可知北史魏堯暄本名鍾葵字辟邪意葵字傳訛而捉鬼之說起於此也用修丹鉛雜錄云唐人戲作鍾馗傳虛構其事如毛穎陶泓之類也蓋因堯暄鍾葵字辟邪遂附會畫鍾葵於門以爲辟邪之具又宗慤妹名

鍾葵後世因又有鍾馗嫁妹圖但葵馗二字異耳事見沈括筆談皇祐中金陵發一塚有石誌乃宗懿母鄭夫人宗懿有妹名鍾馗周禮考工記大圭終葵首註齊人謂椎曰終葵圭首六寸為椎以下殺說文大圭長三尺杼上終葵首謂為椎於杼上明無所屈也禮記玉藻天子搢珽註亦同云云是用修之說較仁寶更詳則鍾馗由於終葵字辟邪之說固屬有因而大圭之終葵何以轉為人名之終葵則未見的義顧甯人乃引馬融廣成頌揮終葵揚玉斧謂古人以椎逐鬼如大儺之執戈揚盾此說近之蓋終葵本以逐鬼後世以

其有辟邪之用遂取爲人名流傳既久則又忘其爲辟
邪之物而意其爲逐鬼之人乃附會爲眞有是食鬼之
姓鍾名馗者耳胡應麟筆叢朱國楨湧幢小品亦引堯
終葵字辟邪以爲鍾葵本辟邪之物然俱不如甯人引
馬融頌之融覈也至用修謂唐人戲作鍾馗傳則不詳
其載在何書今校天中記引唐逸史明皇因痁疾晝臥
夢一小鬼盜太眞香囊及上玉笛上叱問之奏曰臣乃
虛耗鬼也能耗人家喜事成憂上怒欲呼武士俄見一
大鬼破帽藍袍角帶朝靴捉小鬼刳其目劈而啖之上

問爾何人曰臣終南進士鍾馗也武德中應舉不第觸階而死得賜綠袍以葬感恩發誓爲帝除虛耗妖孽之事言訖夢覺而疾遂瘳乃詔吳道子畫之道子沈思若有所覩成圖以進上視之曰是卿與朕同夢也唐逸史不可見天中記所載斯其故事矣亦見沈括筆談然此事不辨可知其妄後魏北齊及周隋間多有名鍾葵者魏獻文帝時則有枹罕鎮將楊鍾葵又張袞之孫白澤本名鍾葵獻文改名白澤于勁亦字鍾葵孝文時有頓邱王李鍾葵北齊武成時有宦者宮鍾葵後主緯時有

慕容鍾葵奔於周隋煬時漢王諒反有大將喬鍾葵又隋宗室處綱之父名鍾葵又魚俱羅與蜀將段鍾葵討平越巂蠻唐時王武俊有將張鍾葵寇趙州爲康日知所殺古人名字往往有取佛仙神鬼之類以爲名者張鍾葵無論若楊鍾葵等係六朝人俱在唐前倘食鬼之鍾馗係唐武德中進士則楊鍾葵等之命名何由逆知後世有是辟鬼之神而取之也哉則天中記之說眞附會也然唐時則鍾進士食鬼之說甚行甚至朝廷之上每歲暮以鍾馗與歷日同賜大臣此亦起於明皇見沈括筆談劉禹

錫有代杜相公謝賜鍾馗歷日表云圖畫威神驅除羣厲頒行元歷敬授人時又代李中丞謝表云繪其神像表去厲之方頒以歷書敬授時之始至宋時猶然神宗於禁中得道子所畫鍾馗因鏤板以賜二府然則訛謬相沿已非一日也又蘇易簡文房四譜云虢州歲貢鍾馗二十枚用修亦以爲即考工記大圭終葵之義謂硯形銳其首如圭耳據此則硯之銳者亦名鍾馗並不名終葵矣胡應麟非之以爲附會然鍾馗列於文房四譜則其爲硯之形製而非造爲神像可知至高江邨釋考

工記註終葵謂蔓生之物葉圓而厚圭首之圓厚如之故以爲名此未免臆說顏之推曰北齊有一士讀書不過二三百卷嘗出境聘東萊王韓問玉珽杼上首終葵首當作何形答曰珽頭曲圓勢如葵葉耳韓爲忍笑江村之云毋乃類是要之但據考工記註椎曰終葵再以馬融所頌終葵逐鬼之物證之自可了然毋庸更多枝辭也按爾雅註鍾馗菌名也菌似椎形藥能辟邪止瘧見本草綱目集解

神荼鬱壘爲門神其說不一

風俗通黃帝時有神荼鬱壘音伸舒鬱律兄弟二人性能執

鬼則神荼當左鬱壘當右東京賦云守以鬱壘神荼副焉則似鬱壘當左神荼當右括地圖曰度朔山尖桃樹下有二神一名鬱一名擂高誘註戰國策云一名余與一名鬱雷爲說不一又杭中書云蔡鬱壘爲東方鬼帝治桃邱則是一人姓蔡矣

五聖五顯即五通

世俗所謂五聖五顯者即五通神也舊說五通爲豕牛羊之屬本屬妖孽鈕玉樵謂明太祖既定天下大封功臣夢兵卒千萬羅拜乞恩帝曰汝固多人無從稽考但

五人爲伍處處血食可耳命江南人各立尺五小廟祀
之俗謂之五聖廟（香祖筆記以爲伐陳友諒陣亡士卒云）陔餘叢考引夷
堅志劉舉將赴解禱於錢塘門外五聖祠遂登科爲德
興尉到任奠五顯廟知爲五聖之祠也又韓子師病祟
請客以符水治之見五通神銷金黃袍騎馬而去又嘗
者盧生託宿趙喜奴家共枕席天明但見所寢在五聖
廟側草露之上武林聞見錄又載宋嘉泰中大理寺決
一囚數日後見形於獄吏求爲泰和樓五通神而陳友
諒之僭號亦在釆石五通廟則五聖者宋元已有之而

非起於明祖矣小繁露引宋項安世項氏家說曰按澧陽志五通神出屈原九歌今澧之巫祝呼其父曰太一其子曰雲霄五郎山魈五郎即東皇太一雲中君山鬼之號也按屈子之歌有九非可附會爲五通神然楚鬼越禨相沿有自亦不得以巫祝之稱爲非也且據此知五通之神宋世已盛 國朝湯文正公斌奏毀之疏言蘇州城西上方山有五通淫祠遠近之人奔走如鶩諺謂其山曰肉山其下石湖曰酒海凡少年婦女有寒熱症者巫覡輒曰五通將娶爲婦病者神魂失據往往羸瘵而死每歲常至數十家臣遂收妖像木偶付之烈炬土偶投之深淵云云述異記亦載秀水縣民郭季平爲五聖所祟丙寅江蘇巡撫湯

邳奏除五聖淫祀妖禍遂絕其實未嘗絕也趙甌北曰余少時見鄉人王祥龍及俞奕千之女皆犯此祟謂之神和病男則有女鬼與合女則有男鬼與合萊則必有泄精遺血之事而山村野岸尺五小廟所在有之蓋幽明之際變幻無窮非令甲所能禁也按佛具六通神仙具五通此又一說

厠神姓名不一

葆光錄謂天台民王某常祭厠神一日見著黄衣女子云某厠神也取小盒子以指點脣塗民右耳下戒之曰或見蟻子羣聚聽之必有所得民明旦見柱礎下羣蟻

紛紛云其下有寶甚衆發穴去處尋之獲白金十錠

異苑以爲坑三姑之神神姓何名媚字麗卿萊陽人壽陽李景納爲妾其妻妬之於正月十五日陰殺之厠中天帝憐之封爲厠神俗傳是日結草爲形以祭之占一年蠶禾之事祝曰子胥不在曹姑亦歸云云子胥其夫名曹姑大婦也又五行雜書以爲郭登是游天飛騎大煞將軍能賜災福又以爲後帝按異苑陶侃如厠見人自云後帝謂侃曰三年莫說貴不可言事恭本此又齊東野語曰錢義厠神也李赤厠鬼也

樟柳神

隨園隨筆曰今邪術有樟柳神謂能役遣童男女魂以報事也按楚語史老教靈王拒諫曰余左執鬼中右執殤宮凡百箴諫吾盡聞之矣韋註中身也殤宮殤所居也執謂把其祿籍制服其身知其居處若今世云能制殤也此樟柳神之始也霧海隨筆謂即貓鬼之類隋書獨孤陁皇后之母弟陁妻楊素之異母妹育於徐阿尼常事貓鬼陁謂曰可令貓鬼向越公家使我錢足阿尼呪之鬼向素家後又謂曰可令貓鬼向皇后所使多賜吾物復呪之遂入宮

歷代崇封忠賢

唐昭宗天祐二年封楚屈原爲昭靈侯文獻通考宋神宗元
豐四年封晉程嬰爲成信侯公孫杵臼爲忠智侯六年
封屈原爲忠潔侯又封馬援忠顯王宋史哲宗元祐七年
詔賜唐韓愈潮州廟爲昌黎伯廟柳宗元羅池廟爲靈
文廟又詔蘇州吳泰伯廟以至德爲額八年賜安州雲
夢縣楚令尹子文祠爲忠應廟封崇德侯紹聖三年詔
德州東方朔廟以達隱爲額又封辯智侯文獻通考徽宗大
觀中歸州屈原廟封清烈公高宗紹興十六年加程嬰
忠節成信侯公孫杵臼通勇忠智侯韓厥忠定義成侯

後改封嬰強濟公杵臼英略公厥啓信公宋史禮志甯宗時
常熟令孫應時建吳公祠以祀子游王圻續通考元成宗封
伍員忠孝威惠顯聖王英宗至治二年封諸葛忠武侯
爲威烈忠武顯靈仁濟王泰定帝致和元年封柳宗元
曰文惠昭靈公順帝至元六年封微子爲仁靖公箕子
爲仁獻公比干加封爲仁顯忠烈公元史本紀又封張飛武
義忠顯英烈靈惠助順王郭璞靈應侯周處英義武惠
正應王

國朝祀典所載羣神姓名封號

國朝先正事略曰謹按國家之制歲以春秋二仲
命所在守土官致祭英衛公伍員於錢塘敷澤興濟通
祐王李冰父子於灌縣佑安瀾甯漕助順之神張巡於
浮梁丹徒清河誠應武肅王錢鏐於臨安顯佑通濟昭
靈效順廣利安民金龍四大王謝緒於宿遷及濱河各
邑靜安公張夏於蕭山甯江伯湯紹恩於紹興甯漕公
宋禮及永濟之神白英於汶上威顯靈佑王許遠於山
陽之高堰彰靈衛漕神張襄於清河佑民衍澤太湖神
王天英於湖州及蘇州靈感普濟神許遜於南昌廣濟

孚順侯蔣崇仁利濟孚順侯蔣崇義靈應孚佑侯蔣崇
信於仁和保濟顯佑侯戴繼元於德清孚惠善政靈德
侯王元暉於鄞孚惠佑民天井潭神劉揚祖於慈谿誠
孚利濟之神陳道輿於義烏宣威助順靖遠侯楊瀨於
永綏顯靈佑宏濟顯惠王黃守才於陳留開封及濱河
各邑張桓侯飛趙將軍雲於曹諸葛武鄉侯亮於成都
宣威布德康濟雷神陳文玉於雷州英佑驍騎將軍江
起龍襲靖普佑神張瑜於徐聞顯佑英濟廣福王武當
於義甯敷佑康澤靈應侯耿裕德於運河揚糧顯靈應

鎭海威遠金華將軍曹杲於錢塘敬義侯尙義侯秉義侯詹姓三神於翁源孚惠侯晁說之於鄞顯佑宜靈王周雄於新城昭應伯王光鼎於建德靈佑伯周文煜於黔陽猛將軍劉承忠於各直省府州縣及助順永甯佑安侯朱之錫於濱河各邑皆載在祀典歷加　封號紀在　大清通禮其人其地皆確鑿可稽者也

祀神謬誤

蕪湖大江中有蟂磯俗訛爲喬姬見一統志吳中三孤廟訛爲三姑見代醉編吳中有羽林將軍廟訛爲雨淋

而不覆以瓦見秘笈廣函山西有丹朱嶺蓋堯子封域廟前竟鑿豬形以丹塗之鄴中有西門豹祠乃於神座前出一豹尾並見代醉編陳州城外厄臺有廟顏曰一字王佛即孔子也見太平廣記河南有牛王廟畫百牛於壁牛王居其中神像牛首雙角崢嶸即伯牛也見容齋涉筆溫州有土地杜十姨無夫五髭鬚相公無婦於是合而爲一則杜拾遺伍子胥也見蓼花洲閒錄閩州亦有陳十姨廟則陳拾遺也子昂見堅瓠集江陵有春申廟乃春申君也見席上腐談山西太谷縣有糊塗神廟

乃狐哭也見槐西雜誌雍邱范郎廟塑孟姜女偶坐者乃蒙將軍恬也孤山林和靖祠塑女像爲偶題曰梅影夫人之位或戲之曰何不兼塑仙鶴郎君兒兩般秋雨盦隨筆

紙錢

陔餘叢考曰歐陽公謂五代禮廢寒食野祭而焚紙錢以爲紙錢自五代始其實非也漢書張湯傳有人盜發孝文園瘞錢如淳曰埋錢於園陵以送死也南史吳苞將終謂其弟子曰吾今夕當死壺中大錢一千以通九

泉之路是漢及六朝固皆用實錢然漢書郊祀志令祠進五畤牢具皆以木寓馬代駒及諸名山川用駒者皆以木寓馬代則祭祀用牲已有以木象形者特未用於錢耳事林廣記及困學紀聞皆謂漢以來有瘞錢後里俗稍以紙寓錢而不言起自何代唐臨冥報錄曾三異同話錄謂唐以來始有之名曰寓錢言其寓形於紙也法苑珠林則謂起於殷長史洪慶善杜詩辨證則謂起於齊東昏侯好鬼神之術剪紙為錢以代束帛二說雖不同然封氏聞見記謂紙錢晉魏以來已有之今自王

公至士庶無不用之封演唐德宗時人去六朝未遠所見必非無據則紙錢之起於魏晉無疑也舊唐書王璵傳開元二十六年璵爲祠祭使乃以紙錢用之於祠祭通鑑亦謂璵用紙錢類巫覡習禮者羞之此又爲朝廷祀典用紙錢之始蓋自昔但里俗所用而朝廷祭祀用之則自璵始耳然日習禮者羞之則其時尚有不用者唐書范傳正言顏魯公張司業家祭不用紙錢至宋錢鄧公猶不燒楮鏹蓋古人祭祀本用玉帛漢以來始用錢後世鬼神事繁乃易以紙故一二守禮之士非之以

其起於祈禱以徼福也其實律以檀弓明器之義則紙錢固未嘗不可邵康節春秋祭祀亦焚楮錢伊川怪問之曰脫有益非孝子順孫之心乎朱子云國初言禮者錯看徒作紙衣冠而不作紙錢不知紙衣冠與紙錢何別戴埴鼠璞亦云漢之瘞錢近於之死而致生之易以紙錢深有合於塗車芻靈之義袁褧楓窗小牘記宋思陵神輿就道諫官以爲俗用紙錢乃釋氏使人過度其親恐非聖主所宜孝宗擲之於地曰邵堯夫何如人而祭先亦用紙錢豈生人處世能不用一錢乎清異錄周

世宗發引用金銀錢寶皆寓以形楮泉大苦蓋曰其印文黃曰泉臺上寶白曰冥遊亞寶（亦見都穆聽雨紀談）此又後世黃白紙錢之始也校北夢瑣言王司徒潛與武相元衡善元衡薨刺潛嘗因時燒紙錢祭之有許琛者暴卒見冥官謂未當死乃放之還因令寄聲王司徒謂我郎武相公也感司徒嘗資我紙錢但多穿破爲我語司徒須加檢校楊收爲楊元玠所譖死一日忽語鄭愚借錢十萬鄭允其半收曰非銅錢也燒時幸勿著地鄭如數燒之南嶽道士秦保言偶曰真君上仙何須紙錢夜夢真

人曰此冥吏所藉我何須之由是人皆信用紙錢夷堅志鄭昶明得暴疾請僧頌孔雀明王經見有孔雀來逐鬼鬼謂鄭曰我輩當去願多燒冥錢與我乃呼僕買楮幣焚之諸鬼盡去項明妻胡氏已死其魂仍來與女同宿且語項曰吾父室廬儉擬建新居求錢助費乃焚紙鏹數百束又云錢多無人搬送乃畫兩力士焚之遂去又趙天羽小說明崇禎末京師市肆人鬼雜出有以紙錢市物者初不及辨及晚始覺乃設水盆令交易者投錢於水以別眞僞東軒述異記高陽長發堂記一人夢

故友來訪索銀錢許之友復曰錠須滿金滿銀阡張紙帛須完全者又沈躍先死其友人忽見之與語其間事曰世間紙錢亦有用乎曰亦好然則紙錢紙錁其間真用之矣豈人世之所意爲者鬼神即從而循之耶新齊諧載

有人問鬼云紙錢紙也陰司何所用之曰公此問殻矣陽間真錢亦銅也飢不可食寒不可衣亦無所用不過習俗所尚人鬼自趨之耳其說甚通

紙馬

陔餘叢考曰天香樓偶得云俗於紙上畫神像塗以彩色祭賽既畢則焚化謂之甲馬以此紙爲神所憑依似

乎馬也然蚓菴瑣語云世俗祭祀必焚紙錢甲馬有穹
窿山施煉師攝召溫帥下降臨去索馬連燒數紙不退
師云獻馬已多帥判云馬足有疾不中乘騎因取未化
者視之橫板折壞馬足斷而不連乃以筆續之帥遂退
然則昔畫神像於紙皆有馬以爲乘騎之用故曰馬也

焚紙人紙馬有至理

紀文達曰夫束芻縛竹剪紙裂繒假合成質何亦通靈
蓋精氣摶結萬物成形形不虛立秉氣含精雖久而腐
朽猶蝟蠕以化芝菌以蒸故人之精氣未散者爲鬼布

帛之精氣鬼之衣服亦如生其於物也既有其質精氣斯凝以質爲範象肖以成火化其渣滓不化其菁英故體爲灰燼而神聚幽冥知人殂謝魄降而魂升夏作明器殷周相承聖人所以知鬼神之情也若夫金釭春條未聞佳城殯宮闃寂彳亍夜行投畀炎火微聞唧嘤是則哀氣所召妖以人興抑或他物之所憑矣按林登博物志載北魏元兆捕得黃花寺畫妖兆詰之曰爾本虛空畫之所作奈何有此妖形畫妖對曰形本是畫畫以象眞眞之所示即乃有神況所畫之上精靈有憑可通此臣之所以有感感而幻化臣實有罪云云此即文達之所本

新義錄卷九十二終

新義錄卷九十三目錄

仙類

眞武祖師

許眞君

西王母之說不一

西王母姓名亦不一

驪山老母

八仙原始

漢鍾離非姓漢

鐵拐李即李八百

呂翁非洞賓

何仙姑之說不一

八仙無何仙姑

八仙有二

張仙打彈

張天師亦有打彈事

張天師本末

劉海爲遼宰相

麻姑之說不一

藐姑仙子非女

新義錄卷九十三

安徽太平縣孫璧文玉塘甫一字玉堂

仙類

彭祖卽老聃

趙甌北曰論語竊比老彭諸家註釋不一包咸曰老彭商賢大夫正義謂卽莊子所謂彭祖也王弼曰老老聃彭彭祖也按彭祖封於彭城以久壽見稱則老彭卽彭祖明矣邢昺疏一云卽老子也此其說蓋據世本史記世本云彭祖姓籛名鏗在商爲守藏史在周爲柱下史

而史記老子傳曰周守藏室之史也又張湯傳老子爲柱下史以是參證知其爲一人也按彭祖之述古不經見而孔子嘗問禮於老聃又孔子答曾子問動云聞諸老聃可見論語述古之老彭卽禮記問禮之老聃而或者謂彭祖在殷已極老壽何由復至春秋時彭則籛鏗聃則李耳既爲一人何以兩稱且彭國滅於殷末聃名見於周末若果一人則相距數百年中何以不經見殊不知彭祖爲顓頊元孫陸終第三子事見風俗通而屈原天問云彭鏗斟雉帝何饗王逸註謂彭祖以雉羹進

堯而堯饗之也又論語疏亦謂堯時封於彭城是堯時已在禹皋之列彼可以自唐歷虞夏而至殷獨不可自殷歷周乎若以鏗耳名各不同爲疑古人原有一人數名而錯見者虞翻云彭祖名翦則又不特名鏗矣太史儋見秦獻公言周秦離合之說史記謂儋卽老子也則又不特名耳矣安在籛不可李而鏗不可耳乎且史記索隱引商容以舌視老子老子悟舌以虛存齒以剛亡商容殷紂時人而以舌悟老子是殷末已稱老子也老子內傳云武王時爲柱下史是周初已爲史官也臨海

廟有周成王饗彭祖三事鼎鼎足篆東澗二字是成王時或猶稱彭祖也幽王時三川震伯陽甫曰周將亡唐固謂伯陽甫即柱下史老子王弼亦謂伯陽甫姓李名耳諡聃周守藏室之史也是又見於西周之末矣王清經云老子以周平王時見衰遂去是又見於東周之初矣又安在數百年中絕不經見乎然則合諸書以觀彭聃一人確有明證此公直自陶唐時迄於周末入關爲關令尹喜著道德五千言而去莫知所終史記所稱百六十餘歲或二百餘歲神仙傳所稱七百六十七歲八

百三十八年及張守節所稱歷十二王歷三十一王論語疏所云壽七百歲者猶節各就所傳而分記之實未嘗統計其年壽也或又曰唐荊川云莊生以吐故納新熊經鳥伸歸之彭祖而不及老子其論老子問風於古之道術又絕不及長生吐納事明其各自爲一家也今云一人何以操術之不同乎曰不然方其爲彭祖也精意於養生治身服水精餐雲丹神仙傳述其言曰服藥百裹不如獨卧近世道家修煉實本於此人徒以五千言中無此術遂謂道家者流僞託於老子而不知正其

姑之所有事也及爲老子則涵茹道德淹貫典禮猶龍之嘆且駸駸乎有儒者氣象矣不甯惟是後漢書襄楷傳老子入西域爲浮屠大神遺以好女堅卻不受曰此但革囊盛血耳又齊書顧歡傳記老子入關之天竺維衛國乘日精入國王夫人淨妙口中已而降生佛道由是興焉是又開佛氏法門矣然則此公方且神奇變化出沒於三教之間迭遷屢變而未有已也曰史傳所載彭聃各著誕生之異豈有一人而數生者曰吾正以其誕生而證之也風俗通云陸終娶鬼方氏女嬇久孕不

育啟左脅三人出焉啟右脅三人出焉彭祖則左脅所出也而元妙內篇記老子亦剖左腋而生又顏歡傳所記淨妙之孕亦剖左腋夫安知非即女嬇剖生一事而記載者各繫諸傳首遂分見若三降生耶

老聃非今亳州人

江南通志曰按史記李耳楚苦縣人漢陳國苦縣晉改爲谷陽隋改谷陽爲仙源唐改仙源爲眞源屬亳州譙郡宋省眞源入鹿邑置衛眞縣元初復省衛眞入鹿邑則李耳歸德之鹿邑人非今江南地唐宋之亳州領六

縣惟譙城父二縣今江南境餘俱屬河南舊志載李耳鳳陽人物中悞矣閻百詩謂楚滅陳在春秋獲麟後李耳生時苦縣尚屬陳史冠楚於苦縣上以老子爲楚人亦悞也愚按苦縣在漢屬陳閱春秋時屬宋非屬陳也閻說亦悞

太上老君有二

小浮梅閒話曰舊唐書經籍志有太上老君玄元皇帝聖紀十卷唐尊老子爲玄元皇帝則太上老君即老子也隋書經籍志曰元始天尊生於太元之先經四十一億萬載所度諸仙有太上老君太上文人天眞皇人此又一太上老君矣

老子化佛

俞理初曰大戴禮帝繫篇言彭祖母孕而不育三年啟其左脅六人出焉神仙傳記老子亦同佛書言佛生啟母右脅又彭道流沙老傳化胡僧極惡老子化胡之談釋法顯佛國記言佛生當殷年道宣感通記言夏桀時見佛則是彭祖少流離西域百餘年正當夏時及復入中國又之流沙是爲殷世至周敬王時又入西戎化胡是彭老化行爲六佛之三其事至確其甚至美僧徒不當諱也迨後轉世爲釋迦文佛則已西漢末矣按老氏既以孔

子爲老子之弟子又以佛爲所化以證儒釋皆出於道家俞氏篤信其說誤矣

老子爲商容弟子

汪容甫曰說苑敬慎篇常樅教老子效呂覽愼大篇表商容之閭高誘註商容殷之賢人老子師也商常容樅音近而譌淮南主術訓表商容之閭註同繆稱訓老子學商容見舌而知柔矣呂覽離謂篇箕子商容以此窮註商容紂時賢人老子所從學也

老子遇尹喜不在函谷關

曉讀書齋初錄曰老子遇尹喜李尤函谷關銘及張守

師等皆云在函谷關惟葛洪書老子西遊散關遇關尹
喜爲著道德經一卷又魏崔浩亦云尹喜爲散關令散
關在盩厔正西元和郡縣志盩厔縣樓觀本周大夫
尹喜宅據此則遇尹喜在散關非函谷關矣

元始天尊

小說有元始天尊語極荒謬然亦有所本隋書經籍志
元始天尊者生於太元之先每至天地初開出窮桑而
開刼度人經四十一億萬載矣有延康赤明龍漢開皇
等年號姓樂名靜信天書每方一丈八角垂芒光華照

雁雖天仙不敢開視

眞武祖師

玉笈堂談薈曰道書稱元天上帝稟天一之精於神農在位末年歲在甲午三月三日午時託胎於軫翼婁三星之次龍變梵度之天淨樂君善勝皇后孕十四月從右脇而生生時瑞星天花異香寶光滿國地變金玉劉三吾五龍靈應碑曰相傳元天上帝當軒轅氏時辰夙申此國王家王冢乳母右脇年十五辭親出俗誓斷妖魔至玉清紫元君授以無極上道訪登太和卽武當山居

之昇舉之後五百歲被黑衣被髮跣足坎離之真歸真復位鎮極北方

真仙通鑑曰宋道君問林靈素願見真武聖像乃宿殿致齋於正午時黑雲蔽日大雷霹靂於火光中見蒼龜巨蛇帝祝香再拜願見真像遂見身長丈餘端麗妙相披髮皂袍立一時久帝自能寫真寫成忽不見

霧海隨筆曰鄭氏釋五方五帝北方黑帝曰叶光紀月令曰其神元冥漢高帝立黑帝祠曰北時此真武之濫觴真君祠見舊唐書明皇從司馬承禎之言敕五岳各

置眞君祠一所眞君封號則始於宋元豐中其改元武爲眞武則宋大中祥符中避國諱故也明史禮志宏治元年尚書周洪謨議引圖志云眞武爲靜樂王太子修錬武當山功成飛昇奉上帝命鎭北方披髮跣足此是道家附會之言然其神前有龜蛇之像則未嘗無本考工記輈人職云龜蛇四游以象營室註云元武宿也天文志云斗有龜蛇蟠結之像筆談云元武太陽水之氣也螣蛇少陽火之氣也此後世塑龜蛇之義也按眞宗天禧二年皇城司言保聖營西南新建眞武祠側有靈泉湧出飲者愈疾則宋人建眞武祠於京師正在眞宗時其時

王欽若著翊聖保德傳三卷中言翊聖眞君即眞武也則封眞君不始於元豐時

許眞君

列仙通紀許眞君傳云晉許遜字敬之新建人今縣屬江西南昌府母夢金鳳銜珠墜掌中而生嘗爲旌陽令桉晉書南郡統旌陽縣點石化金足逋賦尋棄官歸得異人術周游江湖悉斬蛟蜃除民害精修山中一百三十六年舉家飛昇雞犬亦隨去宋封妙濟眞君蘇軾詩旌陽斬長蛟雷雨移蒼巒即詠眞君也桉晉旌陽縣在今湖北枝江縣北圖經載旌陽山在江西甯州許眞君曾遊焉上有旌陽觀蓋是山是觀以眞君得名爲旌陽非眞君以是山是觀始號爲旌陽也

列仙傳曰許眞君字敬之本汝南人後於豫章遇一少年容儀修整自稱愼郎許君與之語知非人類指顧之間少年去君謂門人曰適來年少乃是蛟蜃之精吾念江西累爲洪水所害若非翦戮恐致逃遁蜃精知眞君識之潛於龍沙洲化爲黃牛眞君以道眼遙觀謂弟子施太玉曰彼之精怪化作黃牛我今化爲黑牛仍以手巾挂膊將以認之汝見牛奔鬭當以劍截彼眞君乃化身而去俄頃見黑牛奔趂黃牛而來太玉以劍揮黃牛中其左股因投入城西井中從此井徑歸潭州卻化爲

人先是蜃精化爲美少年以珍寶財貨數萬徙娶潭州刺史賈至女至是眞君求見賈使君謂曰聞君有貴壻愼郎乃蛟蜃老魅焉敢遁形精復變本形爲吏所殺

十二眞君傳曰蜃精化爲美少年娶潭州刺史賈玉女眞君見賈請見愼郎愼郎託病潛藏眞君厲聲曰江湖害物老魅焉敢遁形於是復變本形爲吏所殺眞君又以水噀其二子化爲小蜃因勸賈玉速移俄頃之間官舍崩沒　賈至賈玉未知孰是當由筆誤

朝野僉載曰許旌陽於豫章西山江中斬蛟劍沒於水

後漢人得一巨石擊之碎開數十里唐趙玉爲洪州刺
史破之得二劍一有許旌陽字一有萬仞字

西王母之說不一

陔餘叢考曰世以西王母爲女仙之宗出列子及汲冢
周書穆王乘八駿西巡狩宴瑤池而捧王母之觴又山
海經有西王母綈几戴勝之語按山經又云西王母虎
身豹牙但是神獸郭璞
註穆天子傳云西王母如人
虎齒蓬髮則直以爲獸名矣因而漢武外傳遂相附會
遂有七夕會於甘泉王母捧仙桃而降之事按爾雅觚
竹北戶西王母日下謂之四荒是西王母乃地名而非

人名郭璞註以爲西方昏荒之國又大戴禮舜時西王
母獻。益地圖賈誼新書堯西見王母訓竹書穆王
七年王母來賓　漢貳師將軍西伐宛斬王母寡亦其王
皆指國名也
之名母寡耳陳湯傳又作王母未可以其名母寡而遂
鼓鼓寡聲相近也
爲女王也七修類蒿亦云猶之國名女眞人姓胡母未
可謂女眞國胡母姓之皆女人也蓋山海經及汲書皆
因爾雅西王母三字遂造爲穆王西巡之事竟成典故
司馬相如大人賦吾乃今覩西王母暠然白首戴勝而
穴處則用之於詞賦矣史記造父御穆王西巡狩見西
王母則幷入之史冊矣後人又附會作穆天子傳有白

雲在天之謠則更創傳奇體矣漢哀帝時民間相傳西王母行籌經歷郡國西入關至京師會聚祠西王母則且盛於祠祭矣晉書張軌傳酒泉太守馬岌言酒泉之南山即崑崙之體也周穆王見西王母於此山有石室玉堂珠璣鏤飾煥若神宮宜立西王母祠又沮渠蒙遜襲卑和至鹽池祀西王母寺中中有元石神圖因命張穆作賦則并處處有祠廟矣然史記條枝國傳安息長老傳聞條枝有弱水西王母而未嘗見後漢書大秦國傳或云其國西有弱水流沙近西王母所居處幾於日

所入也北史大秦國有西王母山玉爲堂室終皆惝恍之詞也

西王母姓名亦不一

西王母爲女仙本屬附會其名氏散見諸書說亦不一太平廣記以爲姓何字婉妗一字太虛酉陽雜俎以爲姓楊名回雜仙錄以爲姓緱氏老君中經以爲姓白然字君思下治崑崙之金城

驪山老母

小浮梅閒話曰或問小說中多言驪山老母余曰此實

有其人也史記秦本紀申侯言於孝王曰昔我先酈山之女爲戎胥軒妻生中潏以親故歸周保西垂按中潏生飛廉飛廉生惡來酈山女者申國之女故申侯曰我先酈山女申國姜姓則此女姜氏也謂之酈山女者申國之君娶於酈山而生此女故以母家名女也其後惡來至非子封秦至始皇遂有天下酈山女之澤長矣漢書律歷志載張壽王言驪山女亦爲天子在殷周間考酈山女爲戎胥軒妻正當商周之間意其爲人必有非常材藝爲諸侯所推服故後世傳聞有爲天子之事而

唐宋以後遂以爲女仙尊曰老母神仙感遇傳載唐少室書生李筌常游嵩山得黃帝陰符經遇驪山老母指授祕要宋鄭所南有驪山老母磨鐵杵欲作繡鍼圖詩小說所稱非無自也

八仙原始

趙甌北曰太平廣記神仙通鑑等書臚列仙蹟纖悉不遺並無所謂八仙者胡應麟謂大概起於元世王重陽教盛行以鍾離爲正陽洞賓爲純陽何仙姑爲純陽弟子因而展轉附會成此名目云今戲有八仙慶壽倘是

元人舊本則八仙之說之出於元人當不誣也其中亦
有數人見於正史者尚或可信張果見舊唐書呂洞賓
見宋史陳摶傳鍾離權
亦見陳摶傳陳堯咨謁摶有髯道人先在堯咨不
問摶摶曰鍾離子也又王老志傳云老自言鍾離先生
以丹授老志服之
而狂遂棄妻子云其餘雜見於稗官小說多荒幻不足
憑

漢鍾離非姓漢

堅瓠集曰鍾離權咸陽人號谷和子一號真陽子又號
雲房先生又自稱天下都散漢鍾離權後人誤漢字屬
下作漢鍾離而遺其名矣兄名簡亦得道見列仙全傳

武夷山記出眞人鍾離先生會武夷山名阿香夏圓服其圓腹履琵琶也

鐵拐李即李八百

趙甌北曰鐵拐李史傳並無其人山堂肆考拐仙姓李京兆疾西王母點化界仙封東華教主授以鐵杖一根惟宋史陳從信傳有李八百者自言八百歲從信事之甚謹冀傳其術竟無所得又魏漢津傳自言師事唐人李八百授以丹鼎之術則宋時本有李八百者在人耳目間然不言其跛而鐵拐也胡應麟乃以神仙通鑑所謂劉跛子者當之然劉李各姓又未可強附續通考又謂隋時人名洪水小字拐兒亦不言

所出何書則絕無稽之談也潛確類書謂開元大歷間人姓李諱元中質本魁梧陽神出舍其徒以母疾迅歸化其尸魂歸失魄乃附一餓莩而起故足跛形醜一云為虎所殘然皆無所據也

呂翁非洞賓

隨園隨筆曰王弇州謂眞仙通鑑純陽傳不當入盧生事盧生所遇呂翁開元間事純陽尚未生也按宋史陳摶傳關西人呂洞賓（一云蒲州人）有劍術百歲童顏屢氏來詩紀事考是唐德宗朝呂渭之孫咸通中舉進士不第值黃巢亂隱居終南山時至陳摶之室引避暑錄蒙齋筆談謂呂為擗然則洞賓與盧生所遇之呂翁相隔百

餘年矣洞賓祠名紀先見列仙傳

呂洞賓著書之僞

書目提要曰金丹詩訣二卷舊本題唐純陽眞人呂巖撰宋夏元鼎編卷中詩句皆言坎離交媾嬰兒姹女道家修養之術其上卷末附載留題詩六首爲宋詞紀事亦採錄之然蹤不唐人其詩殊不類唐格下卷歌行尤鄙俚且唐人棋路黑白各百五十故棊經有枯棊三百之語此所載下棋歌中乃稱因看黑白愕然悟頓曉三百六十路又窯頭坯歌內有君不見洛陽富鄭公說

與還丹如盲聾又不聞三徧趙閱道參禪作鬼終不悞之句是直爲宋人作矣按蒙齋筆談富鄭公少時好煉丹竈則詭與還丹句未見僻

呂洞賓遊黃鶴樓之說

方輿紀要引吳志黃武二年城江夏以安屯戍其城西臨大江因磯爲樓名黃鶴樓似謂是樓之建在孫吳時然吳志但言築城不言山與樓也惟北魏酈道元水經註始載黃鶴山北齊書始稱黃鶴樓後人因黃鶴字遂造神仙之說故崔顥有昔人已乘黃鶴去李白有黃鶴樓中吹玉笛等句世俗又附會吹笛仙人爲呂祖樓中

並裝呂祖像不知崔顥李白當開元天寶間呂祖生當晚唐年代不符祝穆文以仙人爲費文禕今山陰有費禕洞後人頗遵其說按任彥昇云荀瓌字叔瑋昇仙於此非費文禕也彥昇梁時人更在崔李之前則仙人不惟非呂祖並非費公世又以爲王子安亦屬夸誕愚謂仙人亦如黃鶴白雲正在虛無縹緲必求其人以實之殊爲呆相

呂洞賓渡柳仙之說

小浮梅閒話曰或謂元人雜劇有呂洞賓度城南柳事

然則世所傳柳仙其信有之乎余曰此傳訛也據宋鄭景望蒙齋筆談云余記童子時見大父魏公道吉州客有言洞賓事者云近歲常過城南一古寺題一詩壁間而去其一云獨自行時獨自坐無限時人不識我惟有城南老樹精分明知道神仙過說者云寺有大松呂始至時無能知者有老人自松顛徐下致恭故詩云然然則老樹乃松也非柳也洪邁夷堅志謂建炎中此松猶存紹興二十三年大風拔樹無數此松遂枯有道人適至折已仆一枝插於旁自是暢茂卽今稱松也道人蓋

洞賓云然則此松當日固在人耳目前豈得改爲柳也

戲白牡丹非呂洞賓

紫桃軒雜綴曰俗傳洞賓戲妓女白牡丹乃宋方士顏洞賓非純陽呂祖蓋三峰內御之術其源出於老狐假令精之正安足齒天曹之劍惡可汚我上理耶王性之默記韓魏公帥定狄青爲總管一日會客妓有名白牡丹者因酒酣勸青酒曰斟斑兒一盞譏其面有涅文也青來日遂笞白牡丹者

韓湘子非文公姪孫

仙傳拾遺載文公之甥忘其名姓染白牡丹一叢花開

五色酉陽雜俎以爲文公之姪韓湘但云花發每朶有韓出官時詩稍爲異耳不知湘乃會昌三年進士非好道者也其好道者別是一族子袁簡齋引文公詩云擊門者誰子問言乃吾宗自言有奇術探妙知天工可證也公之姪字北渚見登科記其得道者字清夫見列仙傳清瑣集韓湘字清夫文公猶子也公謫官潮州湘來訪別公詩云舉世都爲名利醉伊余獨向道中醒他時定自飛昇去衝破秋空一點青此仍以清夫爲公猶子矣究屬附會

趙甌北曰桉唐宰相世系表湘乃老成之子昌黎有瑞姪老成詩登長慶三年進士官大理丞初不言其有異術惟昌黎

有徐州贈族姪詩云云曰族姪則非姪孫也探妙知天工蓋不過如是士之類能推人貴賤故下又云覬我語非佞當爲佐時雍也而湘則隨昌黎至嶺南有宿曾江口示湘詩曾江卽廣州增城縣江是也並非如徐州族姪之能知天工也轉以藍田詩附會之殊爲荒幻

韓湘子著書之說

書目提要曰韓仙傳一卷舊本題唐瑤華帝君韓若雲撰篇中自序祖爲韓仲卿父爲韓會叔父爲韓愈卽世俗所傳韓湘事然湘字北渚不識何以稱韓若雲也傳

中自稱遇呂洞賓傳授得道攷呂巖爲呂渭之孫當在湘後何以湘轉師之又太平廣記載解造逡巡酒能開頃刻花及牡丹瓣上現雲橫秦嶺家何在雪擁藍關馬不前句稱爲愈之疏從自江淮來者不云即湘而愈集秦嶺藍關一詩題云示姪孫湘亦不云姪與此傳皆不合其爲僞託明矣元陳櫟跋韓昌黎畫圖一篇辨湘事甚詳見所作定宇集中

曹國舅非慈聖太后之弟

趙甌北曰曹國舅相傳爲宋太后之弟按宋史慈聖光

獻太后弟曹佾官至中書令封濟陽郡王年七十二而卒未嘗有成仙之事此外又別無國戚而學仙者則亦傳聞之妄也道山清話記曼殊乃仙人曹八百託生所謂曹八百者豈即其人耶然又非國戚也徐州府志宋曹國舅紹聖四年蟬蛻於縣東南五十里玉虛觀更名騰雲寺

藍采和有踏踏歌

趙甌北曰藍采和者太平廣記謂常衣破藍衫一足靴一足跣夏則絮冬則臥於雪嘗入市持大拍板唱言踏踏歌藍采和世界能幾何紅顏一春樹流光一擲梭古

人混混去不返今人紛紛來更多朝騎鸞鳳到碧落暮見桑田生白波長景明暉在空際金銀宮闕高嵯峨潛確類書云後至濠梁間酒樓醉飲乘醉有雲鶴笙簫聲忽然輕舉於雲中擲下靴衫腰帶拍板冉冉而去元遺山因以入詩有自驚白髩先潘岳人笑藍衫似采和之句又題藍采和像云長板高歌本不狂兒曹自為百錢忙幾時逢着藍衫老同向春風舞一場鳳陽府志藍采和唐末居濠衣襴衫絲鞓黑木靴帶時曳長繩拖錢以行錢散不收至今濠州有攤錢街惟龍袞江南野錄載陳絢學仙嘗醉歌有藍采和塵世紛紛事更多之句則又以為陳絢歌也

藍采和非姓名

書影云南唐書陳陶傳陶所遁西山產藥物數十種陶採而餌之開寶中嘗見叟角髮披褐與一老媼貨藥於市獲錢則市鮓對飲旁若無人既醉行舞而歌曰籃采禾籃采禾塵世紛紛事更多爭如賣藥沽酒飲歸去深崖拍手歌或疑爲陶夫婦云按此郎晚唐人陳陶賦一將功成萬骨枯者觀本傳則知俗畫八仙中之藍采和豈人名哉以籃爲藍以禾爲和謬矣

何仙姑之說不一

趙甌北曰何仙姑者劉貢父詩話謂永州人東軒筆錄亦謂永州何氏女幼遇異人與桃食之遂不飢能逆知人禍福鄉人神之稱為何仙姑潛確類書則以與桃者為純陽續通考謂廣東增城人江南通志桐城投子山大同禪師每溺有鹿來飲久之鹿產肉毬裂開乃一女師育至十二歲乃令下山囑曰遇柴則止遇何則歸至柴巷口何道人家遂棲之以何為姓慎守師戒師使趙州召之女方漸卽詩茶齋往先至見師坐左趙州至坐右三人一時化解今投子山有趙州橋柴巷口有仙姑

并則又以爲桐城人矣獨醒雜志謂宋仁宗時人續通考則又謂唐武后時人趙道一仙鑑云純陽所度者趙姑名何者也有仙姑何姓者開元中羽化去合在純陽前又宋李昌齡樂善錄云何仙姑在世間時一主簿忽得天書字不可識以問仙姑姑曰天書言主簿受金十兩折祿五年此皆宋之何仙姑也

八仙無何仙姑

汪仲伊曰元時八仙有徐神翁無何仙姑雍熙樂府雙調太平令曰曹國舅高擎竹笊漢鍾離㮣髻環絛鐵拐

李羅衣染皂韓湘子牡丹鮮耀藍采和綠袍徐神翁背甑張國舅那老共呂嚴八仙同到據此曲可爲確證今之演八仙者無徐神翁益里俗伶人改徐爲何以便小旦出場男女混雜殊乖名教自明以來其說亦已久矣按徐神翁乃宋高宗時仙人有金鼇灘上一舟橫之句見宋稗類鈔

八仙有二

俗以鍾離權呂洞賓等爲八仙考譙秀蜀紀載蜀有八仙首容城公云即鬼容區隱於鴻蒙今青城山也次李

耳生於蜀今三青羊宮三曰董仲舒亦青城山隱士非上天人三策之仲舒也四曰張道陵今大邑鶴鳴觀五曰嚴君平卜肆在成都六曰李八百龍門洞在新都七曰范長生在青城山八曰爾朱先生在雅州有手書石刻五經在洞中茅亭客話稱後蜀主孟昶生日道士張素卿進八仙圖即此八人惟范長生作范長壽爾朱先生作葛永璝耳

張仙打彈

趙甌北曰世所稱張仙像張弓挾彈似貴游公子或曰

即張星之神也陸文裕金臺紀聞云後蜀主孟昶挾彈圖花蕊夫人携入宋宮念其故主嘗懸於壁一日太祖詰之詭曰此蜀中張仙神也祀之能令人有子於是傳之人間遂為祈子之祀云七修類稿亦載此說又王弇州勘書圖跋宋初降王惟孟昶具天人相見於花蕊夫人所供其童子為元請武士為趙廷隱當時進御者以勝國故不敢具其實乃目為文皇耳據此則此像又託之為唐太宗者余謂此二說皆未必然昶之入汴也宋祖親見之花蕊果携其像宋祖豈不能識別而敢以詭

辭對至託爲唐文皇則更無謂按高青邱有謝海雪道人贈張仙像詩云余未有子海雪以此像見贈蓋老泉嘗禱之而得二子者因賦詩以謝云道人念我書無傳畫圖卷贈成都仙云昔蘇夫子建之玉局禱甚虔乃生五色雨鳳鶵和鳴上下相聯翩然則此像本起於蜀中開闢祈子久已成俗是以花蕊攜以入宮後人以兵來自蜀道轉疑爲孟昶像耳按蘇老泉集有張仙贊謂張名遠霄眉山人五代時游青城山成道陸放翁答宇文使君問張仙事詩自註云張四郎常挾彈視人家有災

者輒以鐵丸擊散之又贈宋道人詩云我來欲訪挾彈
仙嗟哉一矢五百年續通考云張遠霄一日見老人持
竹弓一鐵彈三來質錢三百千張無靳色老人曰吾彈
能辟疫當寶用之後老人再來遂授以度世法熟視其
目有兩瞳子越數十年遠霄往白鶴山遇石像名四目
老翁乃大悟即前老人也眉山有遠霄宅故址李石詩
云野草閒花不計年亭亭雙檜欲參天讀書卻得騎驢
老賣藥來尋跨鶴仙是蜀中本有是仙今所畫張弓挾
彈乃正其生平事實特未知何以爲祈子之祀胡應麟

又謂古來本有此張弓挾彈圖後人因附會以張弓爲張挾彈爲誕遂流傳爲祈子之祀此亦不加深考而爲是臆說也校古者男子生懸弧矢又祀高禖之禮於所御者帶以弓韣授以弓矢此本是祈子之事後人或緣此寫爲圖以爲祈子之神像遂輾轉附會而實以姓名耳

張天師亦有打彈事

俗畫張仙彈丸觀花蕊夫人詭對太祖語則宋初已然愚考張天師亦有打彈事不僅張遠霄也校白醉瑣言張眞人之始祖善相地負其親骸骨行求十餘年到龍虎山覩其崖吉利而峻險不能梯乃粉骨爲丸以弓發

之至若干丸而墮後復再中至若干丸而止故其封爵中絕尋亦復續此其驗也又其家遺誓云傳睛不傳髮傳髮不傳睛今子孫襲封者非鬢髮上指則目睛仰生云

張天師本末

趙甌北曰秦漢以來但有方士爲神仙之說無所謂道家者以老聃爲道教之祖張陵爲大宗則始於北魏寇謙之而唐時乃盛行至信州龍虎山張氏世襲封號則又自宋始也按三國志註及邵氏見聞錄張陵漢順帝

時人（字輔漢徐州豐人）入蜀居鶴鳴山中造符書爲人治病陵子衡衡子魯以其法相授自號師君其衆曰鬼卒曰祭酒日理頭朝廷不能討就拜魯爲漢甯太守此張陵之始末見於傳記者也胡氏筆叢及續通考又引道書謂陵乃留侯八世孫生於天目山學長生之術後隱於廣信龍虎山章帝和帝累召不起久之遍遊名山至興安雲錦洞鍊丹三年靑龍白虎繞其上丹成餌之年六十而貌益少又得祕書通神變化驅除妖鬼既而入蜀居鶴鳴山老君授以祕籙遂領弟子趙昇王長來雲臺復

煉大丹餌之漢永壽二年功成道著乃以九月九日將諸品秘籙斬邪二劍玉册玉印授其子衡而自與夫人雍氏白日昇天（徐州府志以爲永壽元年）時年百二十三歲其四代孫盛復來居龍虎山云按通考所述雖頗誕幻然張陵之後遷於龍虎山其流派大抵如此通鑑亦云張魯子自漢川徙居信州龍虎山也然魏晉以來但私相傳授而未尊於朝廷世說註郗愔與弟曇奉天師道此人間奉道教之始也至北魏嵩山道士寇謙之自言嘗遇老子命繼張陵爲天師授以雲中音誦新科之戒服食導

引口訣之法又遇老子玄孫李譜授以圖籙眞經劾召
鬼神及銷鍊金丹雲英八石玉漿之法使佐北方太平
眞君乃奉其書獻於魏明帝朝野多未之信獨崔浩深
信之勸魏主崇奉乃迎致謙之弟子起天師道場於平
城東南重壇五層月設廚會數千人此朝廷崇道教之
始也卽瓊山謂雲中科戒卽後世齋醮科儀所由起服
氣導引卽後世辟穀修養所由起圖籙眞經卽後世符
咒攝召之術所由起銷鍊金丹卽後世烹鍊丹藥所由
起然是時雖發於寇謙之而謙之自云親遇天師

又太平廣記梁武初未知道教因附眞白請張天師道裕乃爲立元壇三百所而通考亦載唐天寶六載以後漢天師子孫嗣眞教册贈天師爲太師可見六朝以來早有天師之稱矣天寶中既令其子孫嗣眞教當已世襲但其封號字名史不經見通考宋太宗祥符九年賜信州道士張士隨號眞靜先生王欽若爲奏立授籙院及上清觀蠲其租稅自是凡嗣世者皆賜號邱瓊山謂此張氏賜號之始然無階品徽宗崇甯二年賜張繼先亦僅號虛靖先生

續通考繼先隨上入宮諸妃嬪爭以扇求書繼先以經語書之各契其意

中舉一柄扇稽首書曰保鎮國祚與天長存則上所御
扇也上奇之命時前乾京合八經於示又召之至詔
州天慶觀作緒曰西山下紅日照庵落當頭絕而化
余人亦以是日召汴京又夷堅志張虛靖天師近同州
白蛇一事謂虛靖乃漢天師三十代孫平生不娶來師
將亂潛出城還鄉尸解復隱於峩眉山天師嫡派遂絕
今以族人紹厥後云王棠知新錄云宋時有杵太守者
送張天師於獄中奏云其祖乃漢賊不宜使子孫襲封
朱予謂人人尊信之而林獨能名其爲賊其疏
必有可觀惜已不傳不知當時如何施行也　元世祖
至元十三年乃賜張宗演靈應冲和真人之號給三品
銀印令主江南道教張天師世家敘謂宋季有可大者元世祖密遣使問之可大謂使者日後二十年當混一天下至元十二年果驗而可大已死乃召其子宗演崇奉之十五年又爲
建止乙祠於京師以其弟子張留孫居之嗣後張氏繼

襲者屢有加號進秩至一品明太祖以張正常爲眞人去其舊稱天師之號謂羣臣曰至尊惟天豈有師也賜秩正二品校元時所封本號眞人而明祖謂應改其天師之號蓋其時朝廷雖封曰眞人而世尚稱爲天師然則天師之稱直自六朝以來不替也

劉海爲遼宰相

道書燕山劉操字宗成號海蟾子爲遼相遇純陽遂解印徉狂蓬遊作詩云拋離火宅三千戶屏去門兵百萬家道成於六月十五日飛仙後隱終南太華授道張紫

陽道家稱明悟宏道眞君又改名元英以十月十四日
誕生又碉石剩談載海蟾姓劉名嚞哲渤海人十六登
甲科五十至相位一日退朝有二異人坐道傍延入談
修眞之術二人默然但索金錢一文雞卵十枚鬭於案
以雞卵累金錢上嚞曰危哉二人曰君身尤危何啻此
卵嚞悟卽入終南山而仙

麻姑之說不一

黃州志麻姑石勒麻秋之女秋築城督工雞鳴乃息姑
假作雞鳴羣雞相應工得稍息父知欲撻之姑逃入山

中覽得仙去今謂仙橋其迹也輟耕錄謂即蔡瓊仙唐時所放宮人覩王方平蔡經事又似漢以前人故建昌府志以爲王方平妹

藐姑仙人非女

柳南隨筆曰宋人田元逸江梅詩冰膚宛是姑仙女按莊子藐姑射之山有神人居焉肌膚若冰雪註云藐姑射北海中山名也據此則姑仙二字用來殊不成語且因一姑字而遂誤認爲女尤可笑

緱嶺仙人爲王子喬之誤

丹鉛錄曰史記封禪書註引裴秀冀州記云緱氏仙人廟者昔有王僑犍爲武陽人爲柏人令於此登仙非王子喬也唐許渾詩王子求仙月滿臺又云可憐緱嶺登仙子猶自吹笙醉碧桃蓋世以王僑爲王子喬誤也久矣

王子晉登仙之僞

趙甌北曰列仙傳周靈王太子晉好吹簫作鳳鳴遇道士浮邱公接以上嵩山三十餘年後七月七日乘白鶴於緱山舉手謝時人而去按國語周靈王二十二年穀

洛水鬬王欲壅之太子晉諫韋昭註晉蚤卒不立則仙去之說並無明文

桃源避秦人皆不死之誤

澄懷園語曰東坡云世傳桃源事多過其實淵明所記止言先世避秦亂來此則漁人所見非秦人不死者也坡公此論甚確余觀古今來前人偶爲新奇之說後人往往樂爲附會如身親見之者止復不少東坡著眼全在先世二字予細味記曰先世避秦時亂率妻子邑人來此絕境不復出焉所謂邑人者皆石隱者流或十數

家或數十家同心肥遯長子孫於其中日漸蕃衍遂爲世業若謂同避亂之人皆不死一時安得許多神仙耶

按淵明當易代之際是記實屬寓言信者固爲辯之亦可不必仙傳拾遺稱武陵漁者姓黃名道眞尤是附會

仙名別見

牽牛名略見春秋斗運樞又名天關見石氏星經織女名收陰見佐助期尹喜字公文號文始先生浮邱伯姓李徐福字君房三茅眞君名盈字叔申李少君字雲翼張道陵字輔漢王方平名遠林靈素字通叟並見列仙傳袁天罡師日吳嶠雪溪人以中星不守太微知煬帝

有姝而告鄭令者也見龍城錄壺公姓施名存號婉盆子孔子弟子見眞誥又姓謝名元見丹臺錄雍州巨靈大人姓秦名洪海見三教蒐遁錄青牛道士姓封名君達見續博物志魏夫人名華存見夫人傳九華安妃名鬱寅字靈簫九華侍郎馬成子見仙鑑九華大仙田先生見廣記赤松子姓黄名初平兄名初起字魯班精衛炎帝少女名姓見代醉編東王公名括見太平廣記又名倪字君明見酉陽雜俎又姓無爲字尹解見老君中經武當戴將軍姓燕名濟洪崖先生姓張後洪崖先生

亦姓張名贏俱見眞仙通鑑

道家三清之妄

蠡勺編曰明宏治中部撰三清樂章徐溥等言漢祀五帝儒者猶非之況三清乃道家妄說耳（太眞經三清之間各有正位聖登玉清眞登上清仙登太清）安得有三大帝且以周柱下史當其一以人鬼列天神矯誣甚矣按老聃得久視長生之道百有餘歲朱子謂莊子明言老聃死則人鬼爾道家列爲三清位於昊天上帝之上何哉

扶乩當作扶箕

小繁露曰夷堅志紫姑仙之名古所未有至唐乃稍見之世但以箕插筆使兩人扶之或書字於沙中桉此即今之扶箕也或作扶乩非是

新義錄卷九十三終

新義錄卷九十四目錄

釋類

十六羅漢非十八

四大金剛

金剛不止四人

韋馱非護法神名

王靈官

天王堂

托塔天王

哪吒

濟顛

終

新義錄卷九十四

安徽太平縣孫璧文玉塘甫一字玉堂

釋類

觀音非婦人

陔餘叢考曰胡應麟筆叢王弇洲觀音本紀皆謂古時觀世音無婦人像而歷引法苑珠林太平廣記諸書以證之晉義熙十一年梁州刺史楊收敬以罪下吏其友郭宣及父虔茂同被桎梏念觀世音經十日夜夢一菩薩慰以大命無憂俄而枷鎖自脫張興妻繫獄晝夜念

觀音經一沙門蹴之曰起起俄而枷脫然戶閉無由出又夢向沙門曰門已開矣果得出王球在獄念觀音經夢一沙門以一卷經與之又見一車輪沙門曰此五道門也既覺鎖皆斷脫畢覽隨慕容垂北征陷敵入深山失路因念觀音經見一道人法服持錫示以途徑遂至家又一仕宦妻爲神攝去因作觀音像虔奉之夢一僧救之得蘇據此數事當時夢見者或沙門或道人明乎其非婦人像也王胡二說固辨矣然亦有不盡然者南宋甄龍友題觀世音像云巧笑倩兮美目盼兮彼美人

兮西方之人兮洪景盧夷堅志董性之母素持觀音普門品經忽病死其魂呼救苦觀世音恍若有婦人瓔珞被體相好端嚴以右手把其背挈之偕行遂瘳許洄妻孫氏臨產危苦萬狀默禱觀世音恍惚見白氅婦人抱一金色木龍與之遂生男俗稱觀音送子蓋本此又壽涯禪師咏魚籃觀世音詞有窈窕丰姿都沒賽提魚賣堪笑馬郞來納敗夷堅志徐熙載母程氏虔奉觀音熙載舟行將覆呼菩薩名得免既歸母笑曰夜夢一婦人抱汝歸果不妄則觀音之爲女像宋元間已然俞蔭甫曰夷堅志又載湻熙間羅生

有婦曰大喜目障交蔽一日夢一僧授以甌飲之復明問曰大師是何處僧曰不須問我我憐汝苦相救耳遂失所在羅時寓王宅以告王曰是吾家觀音據此則宋時觀音猶未專稱女像不特此也北史齊武成帝酒色過度病發自云初見空中有五色物稍近成一美婦人食頃變為觀世音徐之才療之而愈由美婦人而漸變為觀世音則觀音之為女像可知又南史陳後主皇后沈氏陳亡後入隋隋亡後過江至毘陵天靜寺為尼名觀音皇后為尼不以他名而以觀音為名則觀音之為女益可知此皆見於正史者則六朝時觀音已作女像王胡二公尚未深考也又今世所持誦

高王觀世音經亦見北史盧景裕傳景裕之敗也繫晉陽獄至誦心經枷鎖自脫又有人負罪當死誦經千遍臨刑刀折主者以聞赦之此經遂甚行號曰高王觀世音經此經本景裕爲高歡開府屬時所譯者也

觀音女兄弟三人

劉宋曇無竭譯觀世音得大勢受記經云如來國中無有女人王名威德於園中入三昧左右二蓮花化生二子左名寶意即是觀世音右名寶尚即是得大勢據此則觀音兄弟二人非女兄弟三人矣元趙子昂管夫人

刋觀世音菩薩傳略謂菩薩爲妙莊王第三女名妙善長妙音次妙緣妙善女兄也妙善見隋書妙音見妙法蓮華經唐時并以妙音爲觀音方知俗稱觀音女兄弟三人葢有所本傳略又言妙善欲學道王爲招壻不從遂燒之又棄市皆得脫王病斷手眼和藥進王王愈後父子同沖舉亦今俗說所本

千手千眼觀音

俞理初日管夫人觀音傳略稱妙莊王病妙善斷手眼和藥進王王愈見妙善血淋被體籲天完之少頃手眼已千數矣案大悲心陀羅經云菩薩言昔千光王靜住

如來爲我說咒我於是時始住初地超第八地乃至身生千手千眼其言神幻無由指實唐有菩提流志譯千手千眼觀世音菩薩姥陀羅尼身經智通譯千眼千臂觀世音菩薩陀羅尼神咒經伽梵達摩譯千手千眼觀世音菩薩廣大圓滿大悲心陀羅尼經不空譯金剛頂瑜珈千手千眼觀自在菩薩修行儀軌經即傳略所本

魚籃觀音之訛

俞理初曰魚籃觀音當由訛傳佛說七月十五日救面然餓鬼面然者觀音變相以附目連盂蘭盆經盂盆者

正言盂蘭婆那言救餓如解倒懸而俗訛魚籃觀音感應傳言唐元和十二年出陝右金沙灘美女子持籃賣魚郎鎖骨菩薩唐阿諦瞿多譯佛說陀羅尼集經有觀世音部有馬頭觀世音菩薩法印咒品宋僧壽涯題魚籃觀音至云馬郎納敗還盡幾多菩薩債此大妄也

白衣觀音之誤

俞理初曰陀羅尼經謂造觀音像著五色衣下作毗陀天女互跪坐手奉花冠着白衣上向菩薩佛說大廣曼殊室利經觀自在菩薩受記品云觀自在菩薩從右目

曈放光流出妙女禮觀自在持青蓮花瞻仰而住此天女拜觀音所由起然白衣本毗陀天女俗名爲白衣觀音不知觀音固着五色衣也侯鯖錄載唐末豫章有觀音黃衲則亦衣黃而非衣白惟咸淳臨安志云晉天福四年得奇木刻觀音大士像錢忠懿王夢白衣人求治其居王感悟卽其地建天竺看經院又洪皓松漠紀聞云長白山蓋爲白衣觀音所居則其說始於五季

補陀山有四而皆祀觀音

俞理初曰聖觀自在菩薩不空王祕密心陀羅尼經言

補陀落伽山而傳略言老人咲以仙桃導至香山修煉得道香山在葱嶺西非額納特珂克之補陀一不空譯八大菩薩曼荼羅經亦言聖觀自在菩薩補陀落伽山宮殿大唐西域記言南海僧伽羅王依孤山式供養觀世音菩薩盍補陀一在額納特珂克海中一在西藏今布達拉山一在廣東南海宋丁謂朱崖詩云且作觀音菩薩看海邊孤絕寶陀山由隋唐西僧多從此道歸中國也今則爲浙江之定海甯波府志云東海梅岑山即普陀落伽山上有寶陀寺唐時日本僧慧諤留五臺觀音

瑞像於此宋郭彖睽車志云紹興時四明巨商泛海十餘日抵一山飯僧得丹竹一莖前至一國有老叟見其竹曰補陀落伽山觀音坐後旃檀林紫竹也後遂於此立剎亦謂之南海

五百羅漢

浪跡叢談曰西湖淨慈靈隱兩寺有五百羅漢堂聞其像爲一僧手塑而殊容異態無一雷同又傳羅漢皆海賊現身是放下屠刀立地成佛者殊未核也桉涅槃經義言有五百商人採寶出海值盜擄去並剜其目商日

夜號痛欲向無所或告之曰靈鷲佛氏能救汝若與我重寶引汝見之商且行且舍至大林精舍佛氏為法說各證阿羅漢果大論言阿羅名賊漢名破一切煩惱故應得一切世間諸天人供養又一說云阿名不羅漢名生後世中更不生是名阿羅漢或云阿羅或云應眞則皆無生之義也小繁露引法苑珠林宿障部云奢彌跋謗佛緣云過去九十一劫有一婆羅門名延如達好學廣博常教五百豪族童子今五百羅漢是此又一說也

十六羅漢非十八

浪跡續談曰客有以丁南羽白描羅漢索題者並言世

稱十八羅漢而此祇十六無乃缺歟余曰十六羅漢之名自古所傳如是釋典藏佛伽梵般涅槃時以無上法付囑十六阿羅故張僧繇盧楞伽所畫皆止十六清波雜志載蘇扶攜古畫羅漢十有六求山谷題名號歸宗一見笑曰夜來夢十六僧來挂塔江西通志載貫休於雲堂院畫羅漢已畢十五從禪定起寫木身以足之則十六之數歷有明證惟東坡集有十八羅漢贊前十六尊與梵志合後二尊一曰慶友一曰賓頭盧然賓頭盧即賓度盧跋羅墮闍賓複出也然貫休所畫羅漢有十

六亦有十八恭讀　純廟集中有唐貫休十八羅漢贊始知西域十六應眞外別有降龍伏虎二尊者一爲戛沙鴉巴尊者一爲納達密答喇尊者以具大神通法力故亦得阿羅漢名按東坡所贊於羅怙羅尊者曰龍象之姿魚鳥所驚似指降龍於伐那婆斯尊者則曰逐獸於原得箭忘弓似指伏虎惟羅怙羅即喇呼拉尊者伐那婆斯即拔那拔西尊者由此土僧伽未能深通貝筴以致輾轉傳訛今謹依西湖聖因寺所藏貫休十六羅漢遺跡　御製贊跋考定第一爲阿迎阿達機尊者原題第十

三因揭陁尊者第二爲阿資答尊者原題第十五阿氏多尊者第三爲拔納西尊者原題第十四伐那婆斯尊者第四爲嘎禮嘎尊者原題第七迦理迦尊者第五爲拔雜埵道答喇尊者原題第五伐闍那弗多尊者第六爲拔哈達喇尊者原題第六躭沒囉跋陁尊者第七爲嘎納嘎巴薩尊者原題第三賓頭盧頗羅墮誓尊者第八爲嘎納嘎拔哈喇錣雜尊者原題第二迦諾迦伐蹉尊者第九爲拔嘎沽拉尊者原題第五拔諾迦尊者第十爲喇呼拉尊者原題第十羅怙羅尊者第十一爲租查巴納塔嘎尊者原題第十六註荼半托迦尊者第十二爲畢那楂拉拔哈喇錣雜尊者原題第一賓度羅跋囉墮闍尊者第十三爲巴納塔嘎尊者原題第十半託迦尊者第

十四爲納阿噶塞納尊者原題第十四那伽犀那尊者第十五爲鍋巴嘎尊者原題第九戒博迦尊者第十六爲阿必達尊者原題第四難提密多羅慶友尊者伏讀

御跋云唐貫休畫十六應眞像見宣和畫譜自廣明至今垂千年流傳浙中供藏於錢塘聖因寺乾隆丁丑仲春南巡駐西湖行宮詣寺瞻禮因一展觀信奇筆也第尊者名號沿譯經之舊未合梵夾本音其名次前後亦與章嘉國師據梵經所定互異爰以今定同文韻統合音字並位次註於原署標識之下云云時僧明水復爲敬謹勒石按注中原題無八無十一無十二而五與六十與十四

背重出當由
刊誤佚考

四大金剛

浪跡叢談曰四大金剛彼教但稱天王長阿含經云東方天王名多羅吒領乾闥婆及毗舍闍神將護弗婆提人南方天王名毗琉璃領鳩槃荼及薜荔神護閻浮提人西方天王名毗留博叉領一切諸龍及富單那護瞿耶尼人北方天王名毗沙王領夜叉羅剎將護鬱單越人謂之金剛者以所執之杵號之耳婆沙論四天王身長一拘盧舍四分之一西國以五百弓為拘盧舍八尺

爲守護其長百丈故凡塑天王者皆特長大也又唐書禮儀志武王伐紂五方神來受事各以其職命焉旣而克殷風調雨順知新錄云凡寺門金剛各執一物俗謂風調雨順執劍者風也執琵琶者調也執傘者雨也執蛇者順也獨順字不得其解楊升菴藝林伐山云所執非蛇乃蜃也蜃形似蛇而大字音如順然則封神傳之四大金剛并無本矣

金剛不止四人

法苑珠林曰西方有神八人相貌猙獰身披金甲手持

寶刀名曰金剛據此則金剛不止四人矣

韋馱非護法神名

浿跡續談曰翻譯名義云韋馱是符檄用徵召也與今所謂護法韋馱無涉其護法者蓋跋闍羅波膩跋闍羅此云金剛波膩此云手因其手執金剛杵遂以召之余桉今大小叢林頭門內皆立執杵韋馱有以手桉據地者有雙手合掌捧杵者詢之老僧始知合掌捧杵爲接待寺凡游方釋子到寺皆蒙供養其桉杵據地者則否可以一望而知也

王靈官

趙甌北曰道觀內多塑王靈官像如佛寺之塑伽藍作鎭山門也孫國敉燕都游覽志謂永樂間有周思得者以王元帥法顯京師元帥者世稱靈官天將二十六居第一位文皇禱輒應乃命祀於宮城西宣德初拓之額曰大德顯靈宮桉帝京景物略及列朝詩集文皇獲靈官藤像於東海朝夕禮之如賓客所征必載及金川河昇不可動就思得問之曰上帝界至此也果有榆川之役夫曰獲藤像於東海則古來已有是像非至永樂中

始制也而倪岳青溪漫稿述道家之言宋徽宗時有西蜀人薩守堅嘗從林靈素傳法而王靈官則玉樞火府天將又從守堅受符法者永樂中勅建天將廟宣德中改爲火德觀封薩爲崇恩眞君王爲隆恩眞君歲時遣官致祭然則王元帥者特有宋方士之流林靈素已無他術況又從而輾轉受法者乃其威靈至今不泯世俗尊奉益盛何也宏治中周洪謨議及嘉靖中倪文毅請正祀典疏皆云道家之崇恩眞君薩守堅嘗從林靈素傳道而隆恩眞君則火府天將王靈官又從薩眞君授

法顯於京師乃建天將廟及祖師殿宣德中改廟為火德觀崇奉二眞君成化中改觀曰宮加顯靈二字遞年四季換袍服三年一小焚化十年一大焚化再易以新製珠玉錦綉所費不貲每歲萬壽節正旦冬至及二眞君示現之日皆遣官致祭其崇奉可謂至矣今就其議言之薩眞人之法皆林靈素所傳一時傅會之說本無可信況近年附體降神者乃充軍顧玘顧倫之父子其為鄙褻尤甚怪誕可知但經累朝創建難便廢毀所有前項祭祀俱應罷免其四時袍服宜令本宮住持依期

更換如法收貯不必焚化永爲定例云桉王靈官是道非釋因與韋馱同爲護法神故附後

天王堂

陔餘叢考曰僧寺多有名天王堂者按談藪記唐天寶間番寇西安詔不空三藏誦咒禳之忽見金甲神人不空云此毘沙門天王第二子獨健往救矣後西安奏捷亦云西北有天王現形勝之朝廷因勅諸道立像郎瑛謂今佛寺有天王堂始此又括異志宋建炎中敵將屠秀州天王現於城上大若數間屋遂懼而引去因建天

王樓於西北隅

托塔天王

小浮梅閒話曰元史輿服志有東南西北天王旗並繪神人右手執戟左手捧塔然則小說所稱托塔天王亦有本也

哪吒

小浮梅閒話曰哪吒事乃毗沙門天王子見開天傳信記疑亦出於佛書按夷堅志程法師條云値黑物如鐘從林間直出知爲石精遂持那吒火毬呪俄而見火毬

自身出與黑塊相擊然則哪吒風火輪亦必有木也按開天傳信記西明寺宣律禁戒堅苦常夜行臨階墜踣忽覺有人捧承其足顧視之乃一少年也問何人曰某非常人即毗沙門天王子那吒太子也以護法之故擁護和尚時已久矣宣律曰貧道修行無事煩太子太子威神自在西域有可以作佛事者願太子致之太子曰某有佛牙寶事雖久然頭目猶捨敢不奉獻宣律得之即今崇聖寺佛牙是也

濟顛

淨慈寺志曰濟字湖隱天台李茂春子母王氏夢吞日光而生年十八就靈隱瞎堂遠落髮風狂嗜酒肉寺衆許之瞎云佛門廣大豈不容一顛僧自是人稱濟顛遠

寂往依淨慈德輝爲記寔嘗欲重新藏殿夢感皇太后
臨賜帑金嘉泰四年一夕濟繞廊喊無明發衆莫悟俄
火發燬寺濟自爲募疏行化嚴陵以袈裟籠罩諸山山
木自拔浮江而出報寺衆云木在香積井中六丈夫勾
之而出監寺欲酬之錢濟曰我六甲神豈受汝酬乎遂
御風去顯湖居民食螺已斷尾矣濟乞放水中活而無
尾嘉定二年五月十六日索筆書偈曰六十年來狼藉
東壁打倒西壁如今收拾歸來依舊水連天碧擲筆而
逝葬虎跑塔中謚五百應真之流云

湖壖雜記曰濟顛奇事頗多吾僅取其一二聞其託迹於酒人粒飲之妓館亦所不辭翠黛紅燈銜杯對酒頹然就醉扶入香裀忽爾呼刀使妓頓悟此與琴操問禪語同佳有足傳者若謂其酣醉濁醪嘔佛頭而金遍體化得山木皆向井中拽出至今井內餘木尚存皆傅會之言不足信也

風僧

江湖雜記曰秦檜既殺武穆向靈隱寺祈禱有一行者狂言譏檜檜問其居址僧賦詩有家在東南第一峰之

之句檜令隸何立物色立至宮殿見僧坐決事立問答曰地藏王決檜殺岳飛事數卒引檜至身荷鐵枷因首垢面呼告曰傳與夫人東窗事發矣

浪跡續談謂瘋僧即濟顛按濟顛圓寂於嘉定二年年六十檜死時僅七齡又夷堅志秦檜矯詔殺岳飛後游西湖舟中得暴疾昏悶之際見一人披髮瞋目厲聲責曰汝誤國害民殺害忠良我已訴於天矣汝當受鐵杖於太祖皇帝殿下檜自此怏怏以死其子熺亦死方士伏章見熺荷鐵枷云父在酆都果見檜與万俟卨俱荷

鐵枷備受諸苦檜囑方士曰煩傳語夫人東窗事發矣理宗朝有考試官歸自荆湖暴死復甦曰適見陰間趙宋斷秦檜事受鐵杖押往某處受報矣說與江湖雜記稍異

月明和尚馱翠柳之誤

湖壖雜記曰宋紹興間臨安有清了玉通者皆高僧也太守柳宣教履任玉通不赴庭參柳惡之使紅蓮計破其戒玉通羞見清了卽留偈回首託生於柳誓必敗其門風宣教沒翠流落爲妓二十餘年與清了遇於大佛

寺內清了又號月明爲之戴面具爲宰官身爲比邱身爲婦人身現身說法示彼前因翠大悟所謂月明和尚度柳翠也今俗傳月明和尚馱柳翠燈月之下跳舞宣淫大爲不雅

盂蘭盆會不始於目蓮

盂蘭盆經曰目蓮比邱見其亡母生餓鬼中卽以鉢盛飯往餉其母食未入口化爲火炭目蓮大叫馳還白佛佛言汝母罪重非汝一人力所奈何當須十方衆僧威神之力至七月十五日當爲七代父母現在父母厄難

中者具百未五果以著盆中供養十方大德佛勅衆僧皆爲施主咒願七代父母行禪定意然後受食後人因廣爲華飾乃至刻木削竹翦綵模花之形摸天竺云盂蘭盆此言倒懸救器也謂目蓮救母飢厄如解倒懸今人遂飾食味於盆誤矣

堅瓠集曰盂蘭盆初不解何義釋氏要覽盂蘭猶華言解倒懸似有救母之說而盆字無着落後見老學菴筆記云故都於中元具素菜饌享先織竹爲盆盂狀貯紙錢於中承之以竹逆焚倒以視方隅而占冬之寒煖向

北則寒向南則温向東南則寒温得中諺云盂蘭盆倒則寒來矣晏元獻詩云家人愁溽暑計日望盂蘭乃知盂蘭盆本風俗祀先全無佛氏之意夢華錄亦云以竹斫成三脚上織燈窩謂之盂蘭盆置素食搽米飯享先以告秋成則盂蘭盆實起於風俗而目蓮救母之事或符是月遂訛爲目蓮事亦未可知

履園叢話曰稽唐書王縉傳載代宗奉佛縉爲宰相嘗七月望日於內道場造盂蘭盆飾以金翠所費百萬又設高祖以下七聖神座備幡節龍傘衣裳之制各書尊

號於繙上以識之舁出內陳於寺觀是日排儀仗百寮序立於光順門以俟之幡花鼓舞迎呼道路歲以爲常今盂蘭盆會之始也

中元節救母事不獨目蓮

柳南隨筆曰中元節釋氏有目蓮救母之說而臞仙運化玄樞則以是日爲丁令威救母之辰釋氏謂之目蓮未悉其所本何書姑錄之以助異聞

迎佛不始於漢明帝

陔餘叢考曰佛教入中國始於後漢明帝按衞宏漢紀

帝夢見金人頂有日月光以詢朝臣傅毅對西方聖人其名曰佛袁宏後漢記云浮屠者佛也佛者漢言覺也將以覺悟羣生也於是上遣郎中蔡愔等使天竺得佛經四十二章及釋迦之像并沙門迦葉摩騰竺法蘭以來此爲中國有佛之始然許觀東齋紀事謂明帝以前已有之而引劉向列仙傳序得仙者一百四十六人其七十四人已見於佛經則西漢時已有佛經矣翻譯名義集周穆王時文殊目連來化穆王從之即列子所謂化人者也魚豢魏略西域傳曰哀帝元壽元年博士弟子景盧受大月氏王使伊存口

傳休屠經隋經籍志亦云（景盧隋志作秦景）是皆西漢時也羅璧識遺引列子仲尼篇曰西方之人有聖者焉則列禦寇在戰國時已知有佛也論衡記周昭王二十四年甲寅歲四月八日井泉溢宮殿震夜恒星不見太史蘇繇占西方聖人生金履祥因之收入通鑑前編則又西周時已知西方有聖人矣故隋書經籍志云其書久已流布遭秦湮沒其說必有所據（論衡作昭王二十四年隋志作昭王二十二年）蓋西東周時雖知有西方異人而其教固未入中國自漢武時霍去病破匈奴獲休屠祭天金人（張晏曰佛徒祀金人）

顏師古曰今佛像是也又漢武故事昆邪王殺休屠王以其眾來降得其金人之神皆長丈餘其祭不用牛羊惟燒香禮拜帝命依其國俗祀之於是中國始有佛祀然其時天子未之信臣民亦少有習其術者及明帝遣使求經而楚王英即信其術圖其形像齋戒禱祀於是臣下始有奉佛之事而天子尚未躬自奉佛桓帝於宮中立浮屠之祠後漢書襄楷傳云聞宮中立黃老浮屠之祠然則不特奉佛始此即立老子廟亦始桓帝矣於是上及宮禁矣後漢書西域傳論謂佛道神化興自身毒而二漢方志莫有述者張騫但云地多暑熱班勇

雖列其奉浮屠而精文善法未傳豈道閉往運數開叔葉乎則佛法俟時而興蓋亦有數焉至彫刻佛像李綽尙書故實謂自戴顒始顒嘗刻一佛像自隱帳中聽人臧否隨而改之如是十年厥功方就其創立寺宇古今原始謂自趙石虎時始漢魏惟聽西域人立寺都邑至石虎敬事佛圖澄國人化之始造寺廟云（石虎時王度奏言漢魏惟聽西域人立寺漢人皆不出家今宜禁趙人爲沙門者虎曰朕生自邊鄙享祀應從本俗其夷趙百姓樂事佛者聽之其後姚興以鳩摩羅什爲國師大營塔寺由是州郡化之事佛者十家而九）然後漢書陶謙傳笮融大起浮屠寺上累金盤下爲重樓堂閣周迴

可容三千許人黃金塗像衣以錦綵招致旁郡好佛者五千餘戶每浴佛輒多設飲飯布席於路凡就食及觀者且萬餘人亦見吳志劉繇傳則後漢之末佛像佛寺已極莊嚴不自戴顒及石虎始也南史戴顒傳亦云自漢世始有佛像形製未工顒特精其事宋世子鑄丈六金身於瓦官寺既成恨面瘦工人不能改迎顒視之顒曰非面瘦乃臂胛肥耳既減臂胛果相稱據此則佛像不始於顒惟聽中國人出家爲浮屠前代無明文按晉明帝時聽民劉峻出家又聽洛陽婦女阿潘等爲尼此則中土人爲僧尼之見於史者也佛姨母瞿曇彌欲出家如來不許謂阿難言若聽女人出家乃令佛法清淨梵行不得久住譬如旁生稻田善穀復敗又言我

之正法千載興盛以婦女人故至五百歲而漸衰微王阮亭引之以爲比邱尼之始然此乃彼國中人而非中國人爲隋志又謂魏黃初中國人始依佛戒剃髮爲僧尼之始蓋其時民間已私有此風而其後遂著爲令甲耳按叢考所引各書以列子列仙傳爲最古不知列子所謂西極化人卽詩人所謂西方美人非指佛也列仙傳乃後出僞書原不足據然則佛通中國仍當以在漢明帝時爲是

佛骨之僞

瑯邪代醉編曰宋景云韓公諫佛骨被斥李蔚若諫懿宗亦不聽後唐有僧得佛牙於西域明宗以示大臣趙鳳曰臣聞佛牙水火不能傷請驗其眞僞以斧破之應

手而碎明宗之好不減於憲廟而趙鳳之策乃省力於韓李按齊東野語貞觀中有婆羅門言得佛齒所擊無堅物時傳奕方臥病謂其子曰是非佛齒吾聞金剛石至堅惟羚羊角能破之汝往擊之果應手而碎余謂奕之策善矣使非金剛石其策不亦窮乎退之非貴不出此特以大義斷之縱真佛骨亦不足貴耳至鳳以斧斫則又幸而非金剛石也鳳之見又疎於奕矣又徐鉉仕江南日嘗至飛虹橋以問杭僧贊寧寧曰下必有海馬骨水火俱不能毀惟漏以腐糟隨毀鉉劚之得巨獸骨

試之果然燕泉何曰物未有一成而不毀者鐵礎鋼金銀千年不毀椎以兔角則一夕破碎鞭箠馬愈久愈潤以擊犬隨即折裂人其可不究物理哉圖經本草云黔蜀中有貘土人山居鼎釜多爲所食其齒骨至堅刀斧遇之皆碎落火亦不能燒人得之詐作佛牙佛骨以誑俚俗未聞有何物可制之也然則韓李之見果非奕與鳳之比矣明儒謂韓公表文未說到論佛宗旨當時憲宗意在祈壽則直言事佛得禍以破其惑可矣何暇論佛宗旨耶

一人不得稱僧

唐言衆僧曰僧伽桉史略凡四人以上名僧今一人亦稱僧蓋從衆之名也亦如萬二千五百人爲軍一人亦稱軍也

少林寺僧

今人談武藝輒曰從少林寺出來褚稼軒曰昔唐太宗征王世充用少林寺僧衆破之其首功十三人最著曰曇宗封大將軍次論功封爵有差有不願官者賜田四十頃聽其焚修給勑護寺是以拳勇之風至今不替明都

穆游嵩山記少林寺在少室山北麓後魏孝文爲胡僧跋陀建

和尚娶妻食肉

趙甌北曰呂藍衍言鯖謂陝西邊郡山中僧人皆有家小以爲異不知其地近蒙古風俗凡喇嘛多娶妻食肉毋足怪也元人馬祖常河西歌賀蘭山下河西地女郎十八梳高髻茜根染衣光如霞卻召瞿曇作夫壻正是甘涼一帶舊俗也唐書李德裕傳蜀先主祠旁有猱村民皆剔髮若浮屠者而畜妻子自如鄭熊番禺雜志廣州僧有室家者謂之火宅僧呼僧之妻曰梵嫂房千里投荒雜錄謂南人不信釋民間有一二僧皆擁婦食肉士

人以女配之呼曰師郎或有疾請僧設食宰殺羊豕以啖之目爲除齋陶穀清異錄京師大相國寺僧有妻曰梵嫂曾三異同話錄僧鑒虛作煑肉法行於世是僧之妻肉由來久矣又古今原始宋太祖時始禁道士不得畜妻孥是古來道士亦皆有妻室矣今世俗亦尚有一種火居道士有妻子與民人無異梵書蓮經註佛有妻名耶須

尼姑

侯鯖錄載晉明帝時洛陽婦女阿潘等出家此尼之始也元人試錄中一條云軍民僧尼道客官儒回回醫匠

陰陽寫算門廚典傭未完等戶願試者以本戶籍貫赴試僧道應試已屬可笑尼亦赴考則怪誕矣又冊府元龜載唐肅宗至德二年侍御史鄭叔清奏請道士僧尼納錢百千與明經出身尤爲怪誕

崇正辨

胡致堂崇正辨序略曰崇正辨何爲而作歟闢佛氏之邪說也佛之道孰不尊而畏之曷謂之邪也不親其親而認異姓爲慈父不君世主而拜其師爲法王棄其妻子而以生續爲罪垢是淪三綱也視父母如怨仇則無

惻隱滅類毀形而不恥則無羞惡取人之財以得爲善則無辭讓同我者即賢異我者即不肖則無是非是絕四端也安得不謂之邪豈特此哉人生物也佛不言生而言死人事皆可見佛不言顯而言幽人死然後名之鬼佛不言人而言鬼人不能免者常道也佛不言常而言經常道所以然者理也佛不言理而言幻生之後死之前所當盡心也佛不言此生而言前後生見聞思議皆實證也佛不以爲實而言耳目所不際思議所不及至善之理盡於乾坤佛不知其盡而言天之上地之下

與八荒之外若動若植無非物也佛不恤草木之榮枯而憫飛走之輪轉百骸內外無非形也佛不除手足而除髮鬚不廢八竅而防一竅等慈悲也佛獨不慈悲父母妻子而慈悲虎狼蛇虺等棄舍也佛獨使人棄舍其財以與僧而不使僧棄舍其所取之財以與八河山大地未嘗可以法空也佛必欲空之而屹然沛然卒不能空兵刑災禍未嘗可以咒度也佛必欲度之而伏尸百萬烈焚淪沒卒不獲度此其說之疏漏畔戾而無據之大略也非邪而何或曰孔孟所未言者佛言之佛言其

妙所以出世孔孟言其粗所以應世耳然則以耳聽以目視以口言以足行飢而食渴而飲冬而裘夏而葛且而動晦而息戴皇天履后土皆孔孟日用之常佛何不一一反之而亦與之同乎同其粗而不同其精同其心而不同其用各曰出世而其日用與世人無以異烏在其爲出世乎或曰如子所言皆僧之弊非佛本旨乎惡僧可也并佛而斥之過矣則應之曰黃河之源不揚黑水之波桃李之根不結松柏之實使緇衣髡首者承其教用其術而有此弊是誰之過歟父子君臣夫婦之道

經紀乎億千萬載豈有弊耶惟其不作而無弊也是以如天之覆不待推而高如地之載不待培而厚如日月之照不待廓而明惟其造作而有弊也是故晏衍其說張皇其法防以戒律而詛以鬼神侈以美觀而要以誓願託之於國王宰官劫之以禍福苦樂而其弊久而益甚矣或者猶曰佛之意亦欲引人爲善使人畏罪而不爲慕善而爲之豈不助於世而闢之深耶則應之曰善者無惡之稱也無父無君者善乎惡乎道者共由之路也不仁不義者可以由之乎子悅其言而不覈其事過

矣或又曰夫在家以養口體視溫清其孝小出家得道而昇濟父母於人天之上其孝大佛非不孝也將以爲大孝也則應之曰良价之殺父效牟尼之逃父而爲之者也逃父之於山而得道不若使父免於思慮憂勤而親其身之爲得也殺父昇之於天之非理不若使父免於叱逐饑殍而養其身之爲得也然則佛之所謂大孝乃其父之所謂大不孝耳借使佛之說盡行人皆無父則斯民之種必致殄絕而佛法亦不得傳矣人皆無君則爭奪屠滅相殘相食而佛之黨亦無以自立矣此理

之易見者而猶不謂之邪哉是故仲尼正則佛邪佛邪
則仲尼正無兩立之勢此崇正辨所以不得已而作也
上士立德以教變之中士立功以法革之下士立言以
辭闢之凡若言覽者務其志而左右其說則忠孝之大
端建矣按沈起鳳謂佛廢夫婦而戒殺生使其教盡行
數十年後天下人類滅而盡禽獸矣說尤痛快

佛者九流之一家

袁簡齋曰韓子闢佛太迂白傅佞佛太愚折衷者其北
朝高謙之乎謙之之言曰佛者九流之一家耳夫九流
者君子之所不得已而存焉者也三代下四民不足以

盡天下之民於是陰陽星巫佛老諸家與焉如人身之有胼指贅疣如人家之有羸僕有惰游子弟亦皆不得已而存焉者也倘必欲炙除而攻去之奚能哉奚必哉然余以爲佛之非儒自知之不待人攻也惟其自知故所以備攻者無所不至而所以自衛與誘人者亦無所不周天下有非其力而可以美食者乎佛知之故茹素有非其財而可以厚葬者乎佛知之故火化有僇民而可以留種者乎佛知之故不娶此皆佛之本意也然其說則託之於慈悲矣示寂矣不淫矣且慮其坐而食則

病乃禮拜以勞之死而焚則煺乃塔廟以神之無子孫則絕乃招徒衆以續之取於人而自利則術破乃爲祈爲禱以利益之城市居則褻乃踞名山勝境以崇耀之受衍其書一波窮一波又起故聰明者悅焉合宏其教元惡大憝立可懺免故下愚者悅焉嘻使佛而果自信其說則飲食男女可也族別淑慝可也直指其理以示人可也又何必左支右絀廣招濫受而爲是汶汶者哉彼九流者其誕與佛同而不自知其非故且肉食矣娶葬矣取人之財以自奉矣宜其教之行於世者不如佛

也然不如佛而能與佛常存者何也則以無業之民非此不養與佛同故也且以吉凶禍福之說動人亦與佛同故也夫吉凶禍福無人而不動心者也因人所以動者動之乘其虛伺其餘裒多益寡以暗輔井田封建之窮以補周官閒民之職此天地之所以爲大也周孔復生必不信九流而何肯信佛必不去九流而何獨去佛若夫吉凶禍福命也不因吉凶禍福而爲善者知命者也孔子知命自言年五十矣孟子夭壽不貳修身以俟之之說是何造詣而謂常人能之乎韓子以知命之

君子望天下之常人而自傳又甘以常人自待吾以爲所見皆出高識之下矣

輪迴報應之說佛所深畏

癸巳類稿曰袁宏後漢紀明帝紀云天竺國佛漢言覺也將以覺悟羣生其教以修善慈心不殺生專務清靜其精者爲沙門又以爲人死精神不滅隨復受形生時善惡皆有報應故貴行善修道以練精神練而不已以至無生魏書釋老志云有過去當今未來三世漸積勝因陶冶粗鄙經無數形澡練精神乃至無生然則輪迴

報應之說佛所深畏推己及人演說陳戒世人反謂佛造此欺人誤矣

經史亦載果報之說

紀文達曰果報之說本於釋家然齊有彭生晉有申生衛有渾良夫其事並載春秋傳趙氏之大厲趙王如意之蒼犬以及魏其武安之事亦未嘗不載於正史強魂毅魄憑厲氣而爲變理固有之尚非天堂地獄幻杳不可稽者比也

三教之說之妄

朱竹垞日始爲三教之說者誰歟其小人而無忌憚者歟生民之初草衣而血食露處而野合聖人者出教之田里教之樹畜養生之本既具然後修道以明之其理身心性命其治家國天下其端禮樂刑政其文易詩書禮春秋葢自庖羲氏作而伊耆軒轅堯舜禹湯文武周公孔子以數聖人損益之而教已大備初未嘗有所不足必待佛老之說以濟之也佛老者持過高之論行不近人情之事不耕則無食不蠶則無衣無男女則生人之道息無上下則紛爭之漸起以彼之說行之中國葢

有時而窮則相率聚於中國食人之食居人之廬陽叛聖人之言而陰收聖人之教之利愚者不察遂惑其說至等聖人之教三之嗚呼彼之所奉者一而我之所奉者三曾彼之不若矣且所謂教者何哉君臣父子兄弟夫婦朋友而已矣舜命契曰敬敷五教孟子曰使契爲司徒教以人倫故曰教以孝所以敬天下之爲人父者也教以弟所以敬天下之爲人兄者也教以忠所以敬天下之爲人君者也彼二氏者既已棄絕其人倫事物之常將何以副教之名哉世之儒者誦聖人之言而安

於三教之目其亦罪人矣夫

釋道毀聖賢之妄

焦氏筆乘曰淶水縣南七十五里相傳有儒童寺本孔子祠唐景福二年立以孔子適楚經此南唐改曰儒童寺蓋釋氏有所謂造天地經云寶歷菩薩下生世間曰伏羲吉祥菩薩下生世間曰女媧摩訶迦葉號曰老子儒童菩薩號曰孔子復有清淨法行經云眞丹國人難化佛遣摩訶迦葉往爲老子淨光童子往爲孔子月明儒童往爲顏回三弟子者出生其國乃能從化故唐杜

嗣先有吉祥御宇儒童衍教之說葛洪枕中書云周公旦爲北帝師治勁草山伯夷叔齊并爲九天僕射治天台山孔子爲太極上眞公治九嶷山顏回受書初爲明晨侍郎後爲三天司眞（道書謂顏子爲明晨侍郎後爲三天司直）七十二人受名元洲門徒三千不經北酆之門韓昌黎云老者曰孔子吾師之弟子也佛者曰孔子吾師之弟子也釋者遂有誣韓論稽稼軒謂釋氏稱比邱比邱尼者皆言吾先聖名字甚矣其無忌憚也又元仁宗以孔子爲中賢唐姚崇遺令以孔子爲亞聖不知上等是何人物

佛老長生之僞

曉讀書齋初錄日人之所以學道釋者以其長生也孜老子死葬於大陵是老氏非不死矣至釋氏亦不能長生涅槃等經云釋迦牟尼年未五十旣死隋書經籍志亦言釋迦在世教化四十九年是矣儒家之死釋家之所云涅槃圓寂也今秦隴・帶佛剎皆塑卧佛皆係涅槃圓寂之形十大弟子皆在旁雪涕則所貴乎佛者果何在乎棄父母妻子不食肉飲酒而又不能長生則用心亦左矣今西域諸城郭又多塑歡喜佛皆男女露形

作委瑣淫褻之狀其徒又皆尸祝之敬奉之不以爲恥則其教又可以教淫矣

僞仙僞佛可辨

槐西雜志曰僞仙僞佛技止二端其一故爲靜默使人不測其一故爲顚狂使人疑其有所託然眞靜默者必肅穆和平凡矜持者僞也眞託於顚者必游行自在凡張皇者僞也此如近世文士故爲名高或迂僻冷峭使人疑爲狷或縱酒罵坐使人疑爲狂同一術耳

新義錄卷九十四終

新義錄／（清）孫璧文纂輯--影印本--臺北市：臺灣學生，民 78

10,300面；21公分--（中國民間信仰資料彙編第一輯；13）

ISBN 957-15-0017-8（精裝）：全套新臺幣 20,000 元

Ⅰ（清）孫璧文纂輯　Ⅱ中國民間信仰資料彙編第1輯；13

272.08/8494 V. 13

中國民間信仰資料彙編　第一輯

王秋桂　李豐楙　主編

新義錄（全一冊）

編纂者：清・孫璧文
出版者：臺灣學生書局
發行人：丁文治
發行所：臺灣學生書局
臺北市和平東路一段一九八號
郵政劃撥帳號〇〇〇二四六六～八號
電話：三六三四一五六
本書局登記證字號：行政院新聞局局版臺業字第一一〇〇號
印刷所：明國印製有限公司
地址：台北市桂林路二四二巷五七號
電話：三〇八九八二〇
香港總經銷：藝文圖書公司
地址：九龍又一村達之路三十號地下後座
電話：三－八〇五八〇七
中華民國七十八年十一月景印初版

27203-13

ISBN 957-15-0017-8（套）